내가
서 있는 곳

내가
서 있는 곳

초판 1쇄 2017년 05월 17일

지은이 제이슨 최
발행인 김재홍
편집장 김옥경
디자인 이유정, 이슬기
교정·교열 김진섭
마케팅 이연실

발행처 도서출판 지식공감
등록번호 제396-2012-000018호
주소 경기도 고양시 일산동구 견달산로225번길 112
전화 02-3141-2700
팩스 02-322-3089
홈페이지 www.bookdaum.com

가격 15,000원
ISBN 979-11-5622-282-8 03190

CIP제어번호 CIP2017009919
  이 도서의 국립중앙도서관 출판예정도서목록(CIP)은 서지정보유통지원시스템 홈페이지(http://seoji.nl.go.kr)
  와 국가자료공동목록시스템(http://www.nl.go.kr/kolisnet)에서 이용하실 수 있습니다.

방황하는 인생을 사는
20~30대에게 전하는 나답게 잘사는 법

내가 서 있는 곳

제이슨 최 지음

지식공감

CONTENTS

2장 일류로 살고 싶다_53

CONTENTS

1장

나는 삼류였다

나는 내 인생의
어리석은 항해사였다

"이젠 댄스가수 지망생은 그만할래요!"

"뭐라고…?"

"이 길을 잘못 생각한 것 같아요. 그동안 감사했습니다. 안녕히 계세요…."

"어디, 네 멋대로 해봐!"

내게 호통치는 그의 얼굴은 벌겋게 달아올랐다. 그는 연예기획사 실장이다. 고심하고 계약했는데 갑자기 그만둔다는 나의 통보에 화를 낸 것이다. 2002년 초겨울의 그날, 나는 5년 동안 준비하고 간신히 들어간 연예기획사에 '그만두겠다'는 갑작스러운 통보를 던지고 사무실에서 뛰쳐나왔다. 터벅터벅 길을 걷는데 그날따라 유난히 어깨가 축 처지기만 했다.

'아… 나는 일류가 되고 싶었는데…'

"딩동, 딩동."

오전 수업이 끝났다. 기다렸던 점심시간이다. 빨리 밥 먹고 뒤뜰로 가야 한다. 춤 연습을 보기 위해서다. 중학교 1학년, 나는 춤에 관심이 많았다. 당시 돌풍의 인기를 몰았던 H.O.T, 그중 춤 담당인 '장우혁'은 내 우상이었다. 텔레비전에서 본 그의 현란한 춤사위는 내게 춤이라는 관심사를 불러일으켰다.

점심밥을 후루룩 들이키고 뒤뜰로 달려갔다. 많은 이들이 모여 춤을 추고 있었다. 양손을 땅에 붙이고 눕는 자세로 발 하나를 하늘로 차올리는 '원 킥'부터, 한 손을 땅에 붙이고 물구나무서기의 자세로 회전을 하는 '나인틴 나인티' 등 다양한 비보잉이 눈에 보였다. 얼마쯤 지났을까, 눈이 뚫어지게 쳐다보는 나를 본 춤 연습 중인 한 친구가 내게 말을 걸었다.

"야, 너도 한 번 해보지 그래?"

깜짝 놀랐다. 그저 쳐다보기만 했는데 갑자기 해보라니. 다른 이들의 시선이 순간 내게로 모였고 나는 손을 좌우로 휘저으며 거절했다.

"에이, 그렇게 어려운 걸 어떻게 따라 해?"

하지만 왜인지 모르게 그 친구는 계속 권유했다. 원 킥 정도는 개미도 할 수 있는 춤이라며 자극했다. 나는 체력검사를 받을 때 유연성 하나는 반 1등이었다. 그래서 마지 못하는 표정으로 그의 말을 따랐다. 원 킥을 잘하려면 허리의 반동으로 차고 난 발을 회수해야 한다고 했다. 마치 스프링을 튕기듯이 말이다. 그러고 나선 나는 '획' 하며 한 발을 하늘 높이 차올렸다. 유연했던 내 몸 탓인지 느낌이 좋았다.

"오!"

주변의 친구들이 일제히 탄성의 소리를 냈다. 내가 찬 원 킥이 잘 들어갔나 보다. 얼떨결 한 표정으로 나는 있었고 춤을 추던 친구들이 내게 말을 걸었다.

"너, 처음 해보는 거 맞아? 잘하는데?"

내게 원 킥을 권유한 그 친구는 놀란 눈치였다. 그 친구는 그것만 몇 주 째 연습 중이었다고 한다. 춤을 추는 친구들은 초보인 내가 대단하다며 박수를 쳐줬다. 인정받는 기분이 너무 좋았다. 내 재능을 발견했다 싶었다.

그 이후부터 나는, 관중의 입장에서 함께 춤을 연습하는 입장으로 바뀌었다. 유연한 몸 탓에 남들보다 더 빠르게 실력이 늘었고, 그런 내게 친구들은 '레인보우'라는 별명을 지어주기까지 했다(레인보우는 뒤로 덤블링 하는 동작으로 유연성이 중요하다).

중학교 1학년 그 시절, 뭣도 모르는 그 시절. 나는 내 인생의 꿈을 찾았다. 프로 댄서가 되겠다는 장래 희망이 생겼다. 나아가 댄스가수까지 되고 싶어서 연습에 박차를 가했고, 작지만 어느 한 아마추어 댄스 팀에 합류할 수 있었다. 본격적으로 공연도 하며 인지도도 키워나갔다. 그러나 아마추어가 아닌 프로 댄서의 길은 생각보다 만만치 않은 것이었다.

"야! 똑바로 못해? 너만 계속 틀리잖아!"

한 선배가 내게 고함쳤다. 다 같이 추는 군무 연습에서 나 혼자만 계속 틀려서 선배는 내게 짜증을 냈다. 큰 공연을 앞두고 연습 중인지라 다들 민감했다. 나도 덩달아 짜증이 났다. 계속 틀리는 내 몸도 밉고 나를 혼내는 그도 밉지만 그래도 나는 프로가 될 거니깐… 나는 선배에게 미안하다면 정중히 답했다.

"죄송합니다! 다시 잘하겠습니다!"

하지만 내 실력은 계속 늘지 않았다. 안무가 어려웠던 것도 있었지만, 며칠째 잠도 줄이며 연습했는데, 왜 이렇게 틀리는 건지. 그렇게 나만 엇나가니 같이 추는 멤버들에게 미안했다. 공연 일은 점점 다가오는데 나 때문에 진도를 못 뽑고 있었다. 하지만 결국 여차여차해서 공연은 무사히 끝났다. 그러나 나는 공연에서까지 실수를 좀 했기에 기분이 찝찝했다. 물론 다들 모르는 눈치였지만.

당시 나는, 댄스팀 활동 외에도 기획사 연습생 생활을 하고 있었다. 뭔가 진행되니 꿈에 점점 가까워지는 것 같았다. 그리고 그 날도 평소와 마찬가지로 팀 연습을 끝나고 연습생 활동을 하러 가는 중이었다. 같은 팀의 형 한 명도 가는 길이 비슷해서 같이 걸어갔다. 얼마쯤 걸었을까, 그는 내게 조심스러운 말투로 이렇게 말했다.

"형이 할 말이 있어."

"네, 뭔데요 형?"

그는 우물쭈물하다가 다시 말을 이었다.

"우리는 있잖아, 너랑 달리 연습생도 아니고 춤 아니면 밥 먹고 살수도 없는 거 알지? 학교도 그만두고 하는 사람도 많은 거 알잖아."

그의 말에서 뭔가 불길한 예감이 들었다. 그는 잠시 숨을 고르고 다시 말했다.

"그래서 말인데, 앞으로는 같이 공연하기 좀 어려울 것 같다. 여기는 프로로 나가는 길이잖아. 진도도 빠르게 빼야 하고. 실력으로만 살아남는 세계잖아. 너도 알겠지만 저번 공연에 너만 안무 틀린 것도 그렇고…"

아뿔싸, 일전 공연에서 내 실수를 알고 있었다. 나만 빼고 다 알고 있었단다. 내부적으로 내 실력에 대해 언급도 됐다고 한다. 그리고 얼마 안 있어 나는 팀에서 나가달라는 요청을 받았고 쓸쓸히 발길을 떠났다.

엎친 데 덮친 격으로 연습생 생활도 어렵게 흘러갔다. 그곳에는 댄스팀 사람들보다 더 재능 있는 사람들이 한 무더기였고 심한 경쟁까지 있었다. 재능이 있어도 뜨기 힘든 게 연예계인 것을 알게 되었다. '어떻게든 빨리 데뷔하라'고 마음속에서 나를 재촉하는 소리가 마치 지옥의 오페라처럼 매일 같이 울려 퍼졌다.

잘나가는 댄서가 되고 스타가 되는 게 내 꿈이었는데. 모두가 내가 소질이 있음을 인정했었고 나도 그런 내가 잘한다고 생각했는데… 하지만 이 길에서의 나는 그저 작은 존재에 불과했다. 실력도 늘지 않았고 힘든 상황에서 무기력해지는 나를 몇 번이고 발견했다. 그러고 나선 나는 이런 생각이 들었다.

'잘못된 꿈을 잡으면 설령 일류의 자질을 가졌어도 삼류가 될 수 있겠구나.'

그렇게 나는 고등학교 2학년 말, 댄서라는 꿈을 포기하고 말았다. 이 사건은 내게 많은 교훈을 던져주었다. 꿈은 겉멋으로 정하는 것이 아니라는 것, 객관적 꿈을 보고 정해야 잘못된 꿈으로 오랜 시간을 고생하지 않을 것이라는 깨달음을 얻었다.

이 당시, 댄서라는 잘못된 꿈은 나를 삼류로 만들었다. 객관적으로 나를 알고 제대로 된 꿈을 찾아 도전했다면, 어쩌면 일류가 되었을지도 모른다.

"여러분, 잘못된 꿈은 일류를 삼류로 만들 수 있습니다. 그래서 자신에게 맞는 꿈을 찾아야 합니다. 그럼 일류로 나아갈 수 있습니다."

지금의 내가 강연에서 자주하는 말이다. 자신의 진짜 꿈을 찾는 것이 중요하다고 강조하며 말이다. 비록 고등학생의 어린 나이에 겪은 경험이었지만, 꿈 설정의 중요성은 지금까지 살았던 인생에서 깨달은 가장 커다란 산물 중 하나다.

중학교부터 고등학교까지 약 5년 동안 시간을 바쳐 얻은 깨달음, 여러분은 나와 같은 전철을 밟지 않기를 바란다. 자신의 성향을 알고 이에 맞는 꿈만 잘 찾기를 바란다. 이미 여러분은 일류의 자질을 가지고 있다. 그 이유는 이제부터 차근차근 설명할 것이다. 여기서는 딱 하나만 기억하자. 꿈을 잘 찾는 것이 중요하다는 것을.

살아있는 한
절망만 할 수는 없다

요즘 특히 사회적으로 절망적인 뉴스가 많이 보도된다. 헬 조선부터 흙 수저까지. 희망을 줄 수 있는 메시지는 찾아볼 수 없다. 이런 메시지를 자주 보고 듣다 보니 듣는 사람의 입장으로는 알게 모르게 자존감이 떨어지고 무기력하게 되어 버린다.

한때 나도 그랬었다. IMF 이후 경제 상황이 나빠졌고 절망만이 가득 찬 이 나라에서 5년 동안 소중히 간직했던 꿈을 포기했었다. 삶의 의미를 잃어버렸고 끝이 보이지 않는 방황의 추락도 있었지만 당시 19살이었던, 그러니까 수능을 앞둔 나는 마냥 그러고 있을 수만은 없었다.

고등학교 3학년, 댄서의 길을 준비하며 성적은 이미 곤두박질을 친지 오래다. 그런데 이 꿈을 포기한 순간부터 부모님의 걱정이 시작됐다. 내게 자꾸 어떻게 할 건지 물어보신다. 뭐라 할 대답도 딱히 없어 나는 피해버렸다. 수능은 1년도 채 남지 않았다. 나도 어떻게 할지 모르겠다.

참고로 나는 무언가를 할 때, 정당한 이유가 없으면 행동에 옮기지 못한다. 동기가 없으면 움직이기 힘든, 그런 사람이다. 무려 5년이란 시간 동안 댄서의 꿈을 좇아온 것도 전부 동기 때문이었다. 그리고 동기가 없어지니 댄서를 포기했다.

이런 사실을 잘 아는 부모님은 내게 공부하라는 말을 포기했다. 어릴 적에는 공부하라며 거칠게 나를 몰아붙인 적도 있었지만 이내 포기하셨다. 수많은 시도를 통해 깨달은 것이다. 억지로 강요하면, 오히려 내가 무너진다는 것을.

그러나 이번에는 내가 나를 몰아가야 했다. 곧 수능이 다가오는, 그러니까 인생이 움직이는 시점이니… 어떻게든 포기한 꿈을 대체할 무언가를 찾아야 했다. 그렇지 않으면 무너질 것만 같았다.

그러던 어느 날 담임선생님이 나를 보자고 했다. 주제가 대충 짐작이 갔다. 곤두박질을 친 성적 때문일 것이다. 참고로 나는, 고1 때만큼은 반 1등을 놓친 적이 없었다. '춤이나 추는 날라리' 같은 이미지가 싫었기에 초반은 열심히 공부했다. 물론 그 이미지 포지셔닝이 끝난 후엔 곧바로 공부를 멈췄다.

선생님의 태도는 예전과는 많이 달랐다. 나를 보는 인상부터 달랐다. 1학년 때의 온화한 표정이 아니었다. 양 눈썹 끝이 내려간 채 미간과 턱에 진한 주름이 잡힌 표정으로 날 쏘아봤다. 선생님이 말했다.

"야, 너 성적이 왜 이래? 미친 거야?!"

이 선생님은 입이 걸걸하기로 유명했다. 오죽했으면 선생님들 사이에서도 장난삼아 성 뒤에 이름 대신 '걸걸'이란 별명을 붙였을 정도니. 무려 한 시간 동안 욕을 먹었다. 틀린 게 하나도 없어서 대꾸조차 하지 못했다. 대꾸했으면 맞았을지도…

여기까지는 그래도 괜찮았다. 다음 행동이 문제였다. 갑자기 내 머리를 보곤 너무 긴 것이 아니냐고 했다(당시는 지금과 달리 두발 규정이 아주 엄격했다). 그리고 '서걱서걱' 소리와 함께 머리칼이 떨어져 나가는 것을 볼 수 있었다.

분명 공부 탓에 그런 거다. 이놈의 공부가 뭐라고. 애초에 하고 싶지도 않았고 더 이상 해야 할 이유도 없었다. 이미 떨어진 성적도 올릴 수 없다. 이미 바닥인데 여기서 무엇을 해나갈 수 있을까… 꿈도 잃고 성적도 잃었다. 하고 싶은 것도 없다. 따스하게 날 맞이했던 선생님도 잃었다. 자존감이 떨어져만 갔다. 시간은 나를 비웃는 듯이 잘만 지나갔다.

이 당시, 꿈을 잃은 후 뭘 해야 할지 몰랐다. 밀려오는 상실감이 너무 컸다. 더불어 선생님의 질책까지 받으니, 나는 점점 피폐해져만 갔다. 방황하기 시작했다. 술을 마실 수 없는 나이였기에 망정이었지, 하마터면 허구한 날 마실 뻔했다. 아프다고 학교를 안 나간 적도 있었고 다니지도 않는 학원을 핑계 삼아 야자를 빠졌다. 주변 친구들은 이런 나와는 달랐다. 공부에 관심조차 없던 애들까지 고3이라고 열심히 펜을 굴리며 문제집을 뒤적거렸다. 괜스레 그들이 얄밉게 느껴졌다.

그러던 어느 저녁 날이었다. 그 날도 핑계를 대고 야자를 빼먹었다. 갈 곳은 없지만 그냥 지긋지긋한 학교에서 탈출하고 싶었다. 그런데 얼마나 정처 없이 걸었을까, 우연히 예전 춤을 췄던 연습실 근처까지 와버린 것이다.

'그래, 내가 아직 이 꿈을 꾸고 있으면 여기에 있었겠지…'

꼭, 집 나간 가출소년 같았다. 8시가 다 되어가는 늦은 시간이었지만 누군가 있을까 싶어 인사라도 건넬 겸, 연습실에 들러보기로 했다. 그러나 연습실은 적막이 흘렀다. 누가 있으면 늘 음악 소리가 들리는데 말이다. 그런데 자세히 들어보니 누군가의 인기척이 들렸다. 그리고는 '끼익'하는 문소리와 함께 누군가가 튀어나왔다.

"야! 이게 얼마 만이야!"

나와의 동갑내기 친구 정훈이었다. 꾸준히 댄서의 길을 걷고 있는 녀석이었다. 힘들 때 서로 위로가 많이 된 친구였기에 너무 반가웠다. 일전 꿈을 포기한 후 거의 보지 못해서 그랬을까, 갑자기 뭉클한 감정이 올라와서 목이 멘 채로 인사를 했다.

그도 연습실엔 오랜만에 들렀다며 반가워했다. 그렇게 우리는 이런저런 근황 이야기를 나눴다. 그는 유명 걸그룹 S·E·S 백댄서 팀에서 활동했던 친구다. 지금은 다른 데뷔하는 그룹의 백댄서로 준비 중이라고 했다.

나는 친구에게 내 고민을 전부 털어놓았다. 같은 길을 걸었던 터라 그는 이해할 것 같았다. 이야기하는 것만으로도 답답함이 풀리는 기분이었다. 그리고 그는 내게 이렇게 말했다.

"맘고생 많았겠다. 사실 나도 얼마 전까지는 이 길이 맞는지 고민했었어. 절망적일 때도 많았지. 그런데 그때 멋있는 척하는 형 한 명이 나한테 이렇게 말해주더라…"

궁금함을 못 참고 그의 말을 잘랐다.

"그게 뭔데?"

그는 그런 심정을 이해하는 말투로 이렇게 말했다.

"사실이라고 받아들인 것을 사실로 인정해버리면, 더 이상 앞으로 나아갈 희망은 없데. 아직 우리는 창창하잖아. 힘내야지 힘."

눈에서 물이 흘러나왔다. 마음고생이라는 댐이 터지고 감정의 폭포가 쏟아져 내렸다. 그러면서 마음속 깊숙한 곳에 있었던, '내 비뚤어진 모습'까지 함께 흘러내렸다. 친구는 그런 내 모습을 보며 말없이 토닥여 주었다.

그 후 다시 열심히 살아보기로 했다. 하고 싶은 일은 없었지만, 창창한 나를 위해 대학까지만 우선 가보자고 결심했다. 책상 깊숙이 놓아두었던 문제집들을 꺼내 들었고 아주 열심히 공부에 매진했다. 부족한 공부를 따라잡기 위해 화장실에서 볼일을 보면서도 노력했다.

그리고 2003년 겨울, 수능이 다가왔다. 당당하게 치르고 나는 아주대학교 공대에 합격했다. 인 서울은 아니었지만 당시 10위권 안에 드는 곳이니, 선방한 셈이었다. 그렇게 복잡하고 좌충우돌이 많았던 고3 마지막은 결국 제 방향을 잡고 잘 지나갔다.

사람이라는 존재는 참 재미있는 것 같다. 마음먹은 것에 따라 모든 게 바뀌니 말이다. 꿈을 포기하고 방황했던 시절부터 다시 마음을 가다듬고 공부에 매진했던 시간까지, 한 편의 영화처럼 스쳐서 지나간다. 만약 그때 아무것도 하지 않고 계속 방황했다면 어땠을까? 별로 생각하고 싶진 않지만 희소식은 없었을 것이다.

당신은 지금 살아있는가, 죽어있는가? 물론 이 글을 읽고 있으니 살아있을 것이다. 그럼 혹시 지금 절망적인 상황에 놓여있는가? 나처럼 방황하며 고민이 많은 상황에 처해 있는가? 그럼 다시 한 번 기억하라.

사실이라고 받아들인 것을 사실로 인정해버리면, 더 이상 앞으로 나아갈 희망은 없다. 나이에 상관없이 당신은 아직 창창하다. 살아있는 한 절망만 할 수는 없다. 모든 것은 마음먹기 마련이고 마음만 재정비하면 다시 모든 것은 원래대로 돌아올 것이다. 그러니 지금 절망하고 있다면, 살아나기 위해 닫힌 의지를 잠금 해제하라.

"우리가 진실로 살고 싶다면 지금 당장 살려는 노력을 시작하는 것이 좋다."
_영국의 시인 위스턴 휴 오든(W. H. Auden | Wystan Hugh Auden)

제발 그러지 말고
잘 살아보자

낮인지 밤인지도 모르는 어두운 방 안에 남자가 혼자 히죽거리고 있다. 쓰레기로 뒤범벅인 방 한구석 침대에 엎드려 왼손은 과자 봉지를 만지작거리며, 오른손은 인터넷을 뒤적이며 즐거워한다. 그의 옆에 있는 핸드폰은 죽은 듯 알람 하나 울리지 않는다.

남자를 자세히 들여다보니 어딘가 낯익은 얼굴이다. 며칠을 씻지 않은 것 산발 같은 머리와 덥수룩하게 자란 수염 때문에 잘 모르겠지만 분명 자주 본 얼굴이다.

'맙소사…! 저건 나다…!'

꿈이었다. 놀란 탓에 머리에선 식은땀이 흐르고 가슴은 쿵쾅거렸다. 내가 바라지 않는 최악의 모습이었다. 신이 일부러 보여준 꿈이었을까. 의미 없이 하루하루를 보내지 말라는 경고인가…

마음을 가다듬고 죽도록 공부한 나는, 대학에 입학했다. 대학이라도 가자는 목표도 이제는 끝났다. 더 이상 하고 싶은 일이 없다. 힘이 빠졌다. 꿈 찾기는 저 멀리에 가 있었다.

'그래, 놀자!'

이루고 싶은 꿈도 없으니, 마음껏 놀아보기로 결심했다. 나름의 동기였다. 고삐 풀린 망아지보다 더 센 야생마처럼 길길이 날뛰며 모든 에너지를 퍼부어 보기로 했다.

먼저, 매일같이 술 마시기를 도전했다. 넘치는 혈기로 학과 동기끼리 '누가 술을 더 많이 마시느냐' 같은 내기도 했다. 토하고 또 마셨다. 예전에는 술을 왜 그렇게 마시는 것일까 궁금했지만, 한 번 맛들인 음주는 고속 질주를 멈출 줄 몰랐다. 30일 동안 하루도 안 거르고 마셔보기도 했다(이렇게 운동을 하면 '몸짱'이 되었겠지).

다음은, 매일 클럽 가기를 도전했다. 처음 가본 클럽에서 나는 같이 간 친구들에게 환대를 받았다. 나름 5년 동안 갈고 닦은 춤 솜씨가 아마추어의 세계에선 잘 먹혔다. 술만 마시는 것보단 흥미로웠다. 게다가 운동도 절로 됐다. 사전 게스트 신청을 하면 무료입장도 되다 보니 여긴 천국이었다. 그렇게 매일 같이 클럽을 다녔고, 어느 순간 나는 '최 클럽'이라는 별명까지 얻었다.

사실, 이렇게 미친 척하고 놀아보기로 한 결심은 따로 있었다. 꿈 없이 사는 것에서 밀려오는 허무함을 잊고 싶었다. 지난 5년간 꿈을 향해 달려온 습관이 어디 갔으랴. 그렇지만 딱히 특별한 목표가 있는 것도 아니니, 의미 없는 삶에 의미를 불어넣어 보려고 신명나게 놀아보기로 한 것이다.

술을 마시면 그 순간은 허무함을 잊을 수 있었고 클럽에서 춤추며 환대받는 내 모습에서 일류로 인정받고 싶었던 댄서의 욕망이 어느 정도 채워졌기에 이 두 가지는 내게 환상의 찰떡궁합이었다. 더군다나 이런 고삐 풀린 생활에 대해 뭐라 그러는 사람은 아무도 없었다.

주변 선배들조차 '1학년은 열심히 놀고 마시고 죽는 거야!'라고 농담하며 내 결심을 지지했다. 여기서 꿈 타령했다가는 거창한 '꿈 쟁이'로 놀림을 받을 수 있는 분위기였다. 주변 모두가 그랬고 나 또한 노는 것이 답이라고 확신했다.

그런데 나는 이 시기에 악몽을 많이 꿨다. 최악의 미래를 살고 있는 나를, 3인칭 시점으로 꿈 안에서 종종 지켜봤다. 내면에서는 이렇게 살면 안 된다고 경고하는 것 같기도 했다. 그냥 무시했다. 열심히 노력했다 포기한 꿈에 대한 허무함을 대체하자는 보상심리가 더 큰 마음이었다. 1학년 첫 번째 학기는 그렇게 지나갔다.

대학에 갓 들어온 나는 정말이지, 지금 보면 심각할 정도로 노는 것에 미쳐있었다. 지금 와서 생각해보면, 지난 5년간 잘못된 꿈에 투자한 노력에 대한 보상심리였던 것 같기도 하다. 그러나 꿈 없이 마냥 노는 것은 불안했고 악몽까지 꿨다. 여간 불안했나 보다. 하지만 2학기 말, 인생을 다시 한 번 고민해보는 계기를 통해 다시 꿈에 대해 생각해 보기도 했다.

2학기 말은 빠르게 다가왔다. 조금만 지나면 기말고사다. 이것만 끝내면 방학이고 나는 2학년으로 올라간다. 시간은 아주 비행기를 타듯 휙휙 날아갔다. 매일같이 술과 클럽으로 시간을 보내니, 뭐 그럴 만도 하다. 그래도 괜찮다. 놀아보기로 결심했으니…

하루는 친구와 옷을 사러 갔다. 클럽에서 입을 옷을 찾아보러 동대문에 갔다. 가장 빠른 유행아이템을 저렴하게 살 수 있었기에 자주 찾았다. 용돈은 얼마 안 되지만 밥값을 아끼며 옷 살 돈을 모았다. 못 이룬 댄서욕망을 한창 클럽에서 풀고 있었기 때문이다.

친구와 나는 몇 시간 동안 쇼핑센터를 들락날락하며 그 당시 가장 인기 아이템들을 주워담았고 새벽 마지막 버스를 타고 집으로 돌아가고 있었다. 사는 곳인 분당과 동대문은 거리가 멀어서 우리는 시간을 보내기 위해 이런저런 이야기를 했다. 누가 더 잘 샀느니 하며 자랑하기도 했지만 먼 거리 탓에 할 말은 줄어만 갔다. 더 이상 할 말이 없을 즈음 친구는 내게 이렇게 물었다.

"그런데 야, 너는 뭐하고 싶냐?"

무슨 말인지 못 알아들어 되물었다.

"응? 뭐라고?"

사뭇 진지한 표정으로 친구는 답했다.

"아니, 미래에 말이야."

친구는 인사전문가가 되고 싶다며 자신의 10년 계획을 이야기하기 시작했다. 그는 이 분야에서만큼은 '일류'가 되고 싶다고 했다. '일류라…', 한 때 잘못된 꿈을 좇느라 힘들었던 시절이 떠올라 씁쓸했다.

그에게서는 쇼핑할 때와는 달리 불꽃처럼 활활 타오르는 열정이 느껴졌다. 꿈에 대해 많은 고민도 했고 계획 또한 자세했다. 이미 그는 먼 미래를 보고 있었다.

문득 예전 댄서의 꿈을 가지기로 결심했던 시절이 떠올랐다. 비록 원치 않은 결과로 종결되었지만, 생각해보면 그때는 참 힘이 넘쳤었다. 지금처럼 술과 클럽으로 보내는 일상과는 달리 목표도 있었고 이를 위해 나름(?) 열심히 달려오기도 했다. 그러면서 갑자기 이런 생각이 들었다.

'그래, 한 번은 삼류로 살았다. 살면서 일류 한 번 되어봐야 하지 않겠어?! 한 번 포기해보며 제대로 된 꿈이 중요하다는 것을 배웠잖아. 이번에는 분명 할 수 있을 거야.'

각막이 한 꺼풀 벗겨지는 느낌이었다. 노는 것에 취해 흐릿하게 보이던 세상이 또렷한 모습으로 바뀌어 갔다. 열정의 에너지가 스멀스멀 올라왔다. 그래, 이런 게 내 체질이다. 마냥 놀며 의미 없이 사는 건 역시 싫었다. 일류가 되어보자는 결심은 내게 다시 에너지를 불어넣어 줬다. 멈췄던 꿈의 심장박동은 다시금 운행을 시작했다.

그 날 이후 나는 그렇게 마시던 술과 클럽을 단번에 끊었다. 그리고 악몽 또한 더 이상 꾸지 않았다. 어쩌면 신이 내게 준 경고였을지도 모른다는 생각이 들었다. 그렇게 살지 말고 원래의 네 모습을 찾으라는 지령 같은 것 말이다. 에너지를 다시 찾았을 때는 정말 기분이 좋았다. 분명 당신도 꿈을 찾거나 찾기로 결심하면 나와 같은 느낌을 받을 것이다. 그리고 이런 느낌은 꼭 한 번 경험해 보는 것이 좋다. 세상이 다르게 보일 테니까.

요즘 우리나라도 '니트족'이라는 단어가 활성화되기 시작했다. 하릴없이 집에 틀어박혀 외출하지 않고 사람들도 만나지 않으며 폐쇄적인 생활을 하는 사람을 일컫는 말이다. 일부는 이런 삶에 의미를 느끼지 못해, 자살이라는 극단적인 상황까지 가는 경우도 있다고 한다. 나 또한 삶의 의미가 없이 지내본 경험이 있기에 의미 없는 삶이 지속된다면 충분히 그럴 수 있을 거라고 생각한다.

그래서 당신도 삶에서 의미를 발견하길 바란다. 그것은 바로 꿈이다. 꿈을 찾아보기로 결심하고 찾게 되면 당신에게 의미가 생긴다. 그럼 삶은 윤택해진다. 에너지도 솟아나고 활력이 생긴다. 꿈을 찾고 자신의 삶의 의미를 부여하는 것, 이는 일류로 나아가기 위한 첫 단계다. 그러니 한 번 시도해 볼 만한 가치가 있지 않겠는가? 당신도 일류로 나아가고 싶다면 말이다.

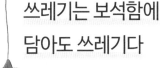

쓰레기는 보석함에 담아도 쓰레기다

"엄마 목걸이 좀 꺼내줘라."

어머니는 모임에 나갈 때마다 늘 어느 목걸이를 메고 가신다. 예전 내가 필리핀 출장에서 사다 준 진주 목걸이다. 아들이 사다 줬다며 자랑하려고 늘 차고 나간다(좋은 거 하나 더 사드려야지 하는 생각이 든다).

목걸이는 보석함에 담겨있다. 나는 얼른 보석함을 열고 가져다 드렸다. 어머니가 나가고 나서 열린 보석함을 닫으려고 하는데 한편에 보석이 아닌 무언가가 있다. 구깃구깃한 종이 쓰레기였다. 어머니가 실수로 넣어놨나 보다.

종이 쓰레기는 딱 봐도 다른 보석과 구별되었다. 보석함에 함께 담겨있을지라도. 만약 쓰레기가 보석이 되고 싶어도 그럴 가능성조차 없다. 그냥 쓰레기일 뿐이다. 무심코 선택했던 가능성이 없는 댄서의 꿈처럼.

요즘 다시 보는 드라마가 있다. 〈푸른 바다의 전설〉이라는 SBS 드라마인데, 배우 전지현이 나와 화제가 됐었다. 인어 이야기를 모티브로 한 판타지 로맨스인데, 어릴 때 몇 번이고 읽으며 재미있어했던 동화 『인어공주』가 떠올라 인상적이었다.

그런데 요즘 다시 『인어공주』를 읽어보니 예전과는 다른 느낌을 받았다. 예전엔 순수한 사랑을 그린 감동 스토리로만 느껴졌던 반면에 지금은 그녀의 꿈이 과연 올바른 것이었을까 하는 생각이 든다.

바다 왕의 여섯 공주 중 막내로 태어난 인어공주는 인간 세상에 대해 관심이 많았다. 그러던 도중 난파된 배에서 구한 왕자와 결혼하고 싶은 꿈을 가지게 되었다. 결혼하지 못하면 물거품이 된다는 조건을 걸고 다리를 얻어 왕자에게 가게 된다. 하지만 왕자와 결혼하지 못하고 결국 물거품으로 사라진다.

인어공주는 한 가지 커다란 오류를 범했다. 그녀는 잘못된 꿈을 가졌다. 삶에 대한 고민 없이 인간인 왕자와 결혼하겠다는, 거의 불가능한 길을 걸었다. 이로 인해 자신의 생존권까지 포기해 비극의 결과를 만들었다.

만약 그녀가 자신의 삶과 꿈에 대해 깊은 고민을 했다면 어떻게 됐을까? 자신의 꿈을 잘 고민하고 제대로만 찾았다면 아마 왕자와의 결혼이라는 목표에 대해 깊은 고민을 했을 것이고, 결국 다른 여왕이 되어 바다의 백성들을 위해 살아가는 위인이 되었을 것이다.

그런데 인어공주는 동화 속에만 있지만은 않다. 많은 이들이 자신의 꿈을 찾지 못하고 원치 않는 삶에 매달려 고달파 한다. 나 또한 내 꿈을 찾기 전까지 그중 하나에 불과했다.

몇 년 전 내 지인인 J씨는 남들이 부러워하는 골드만삭스를 다니다가 어느 날 직장을 그만두고 여행을 떠났다. 이유를 물으니 남들에게는 꿈의 직장인 골드만삭스에 입사했지만, 자신의 꿈은 아니었다며 회사생활 동안 전혀 행복하지 않다고 말했다.

금융위기와 경기침체로 불안한 증권업계의 삭막한 세계에서 더는 당장의 월급만 바라보며 만족스럽게 살 수 없음을 깨닫고, 늘 꿈꿔왔던 '좀 더 많은 사람과 소통하는 삶'을 실천하고자 좋아하는 여행에 미래를 걸었다. J씨는 여행 작가의 길을 걷기로 결심한 것이다.

그녀는 2년간의 프랑스 여행을 통해 학교와 직장에서 배우지 못한 인생과 여행의 참된 가치를 배웠다고 한다. 골드만삭스에서 남들이 원하지만 정작 본인은 원치 않은 삶을 살았던 것과는 달리 진짜 '나'를 찾아 떠나는 자아 여행을 계속하며 여행 작가의 길로 본인의 꿈을 다시 잡았다.

그리고 그녀는 지금 여행 경험과 치열한 금융계 업무 경험을 바탕으로, 개인의 꿈과 잠재력을 발굴해주고 동기를 부여해주는 동기부여 전문가 그리고 작가로서 새로운 삶을 살고 있다.

우리 사회에서는 꿈이 뭐냐고 물으면 열에 아홉은 직업을 말한다. 언젠가부터 '꿈=직업'이라는 등식이 서 있는 듯 보인다. 남들이 선호하는 직업을 얻으면 성공한 인생이고, 그렇지 않으면 실패한 인생으로 치부 당한다.

남들이 바라보는 직업적 성공, 그럼 그 후의 인생은 무엇을 목표로 살아야 하는가? 그저 남이 알아주고, '잘 먹고 잘사는 것'에 열중하면서 살면 되는 것일까? 아마 그러면 당장은 먹고 살 수는 있을지라도, 행복하지 않을뿐더러 자신의 역량조차 향상되지 않을 확률이 높다. 곧 허무함이 급습하기 때문이다.

"어떤 사람이 되어야 할지 고민했던 때가 행복했던 것 같은데. 언젠가부터는 앞으로 뭐가 될까가 하나도 궁금하지가 않을 때가 있더라고요. 앞으로의 미래가 궁금하지 않다는 느낌? 그럴 때마다 가장 행복했던 때는 이미 지나버린 것인가 하는 생각이 들어요."

얼마 전 연예인 유세윤이 MBC 예능 〈라디오 스타〉에서 언급한 말이다. 그가 언급한 말에는 내가 지금부터 설명하고 싶은 개념이 어느 정도 담겨있다.

상승정지 증후군이라고 들어본 적이 있는가? 상승정지 증후군이란, 원하는 목표에 다다른 후 찾아오는 공허함, 허무함을 말한다. 산에 오르고 열심히 오른다. 멋진 광경이 눈 앞에 펼쳐진다.

그런데 뿌듯함도 잠시일 뿐, 곧바로 허무함이 찾아온다. '이것 때문에 그렇게 내가 열심히 오른 것인가? 이게 전부인가? 그럼 앞으로 난 뭘 해야 하지?'와 같은 생각이 들면서 행복하지 않음을 느끼는 것이다.

내가 아는 A씨는 고려대학교를 나와 누구나 선호하는 삼성에 취직했다. 대학생 시절 신촌에서 아르바이트를 하며 스펙을 쌓기 위해 영어 학원에 다니며 공부를 하고 과외를 하며 번 돈으로 등록금까지 내고 외국으로 떠난 교환학생 기간에는 장학금까지 받아 부모 도움 하나 없이 공부를 마쳤다. 그리고 치열하게 준비하여 삼성에 취직했다. 하지만 막상 취직하고 나니 더 이상 뭘 해야 할지도 모르겠고 왜 열심히 살아야 할지 모르겠다며 허무하다고 말한다.

예전 내가 과외 했던 학생 B는 수능을 보고 그토록 원하는 대학에 붙었다. 고등학교 3년 동안 매일 2시간 일찍 학교에 가서 공부를 시작하고 저녁에는 과외 외에도 3개의 학원을 다니며 새벽 1시까지 도서관에서 공부를 했다. 그 후 수능을 보고는 원하는 대학에 붙었다. 그리고 뭘 해야 할지 몰라 대학에 들어가고 몇 년째 방황하다가 학교를 그만두고 외국으로 유학을 떠났다.

이 둘은 모두 그들이 꿈이라고 생각했던 것을 위해 어떻게든 노력을 하고 끝내 달성했지만 그들을 기다리던 건 성취감이 아닌 허무함 뿐이었다. '무엇을 위해 살아야 할까'라는 대전제가 그들을 가로막고 있다.

상승정지 증후군은 당신이 꿈이라고 생각했던 것이 잘못된 꿈이기 때문에 생기는 것이라고 한다. 직업은 꿈을 위한 과정으로 생각해야 하고 '내가 행복하기 위해서는 무엇을 해야 할까', '어떻게 하면 내가 원하는 삶을 살 수 있을까'와 같은 큰 관점에서부터 자기 자신을 찾아 나가야 한다. 그리고 한 단계씩 자신의 길을 찾아 나서며 제대로 된 꿈을 기반으로 나아가야 한다.

당신은 뭐든 이뤄 낼 능력과 잠재력을 가지고 있다. 그러나 당신이 잘못된 꿈을 잡으면 그 꿈은 보석함에 있는 쓰레기와 다름없게 되어 버린다. 목표를 성취할지라도 밀려오는 공허함으로 인해 결국 행복하지 않게 되는 결과를 맞이하게 된다.

꿈을 기반으로 하지 않는 목표는 달성해도 허무하다. 쳇바퀴 인생과 다를 바 없다. 그래서 '나는 왜 사는가?'의 다소 철학적인 질문을 자신에게 던져야 한다. 그러면 꿈이 당신 마음의 토양에 싹을 틔우기 시작하고 허무는 행복으로 대체 된다.

진짜 '나'를 찾기 위해 자신을 알아가고 일생에서 자신이 이뤄야 할 진짜 꿈을 찾아보자. 그리고 한 단계 한 단계씩 그 꿈을 이루기 위한 전철을 밟으면 어느 순간 행복하며 성공한 삶을 살고 있다고 느끼고 있는 당신 자신을 발견할 것이다.

"어떻게 보면 삶은 실패와 성공으로 나누어지는 것이 아니라 계속해서 문을 여는 과정인 것 같아."
"그럼 성공은요?"
"성공이라는 것은 사실 그 문을 열 때 자신이 어떤 의미부여를 하는 것에 있는 게 아닐까? 왜 깨진 계약이라도 하고 나면 성장한 것 같다는 느낌이 드는 계약이 있거든."
"맞아요. 진 바둑이라도 기분이 좋은 바둑이 있어요. 그런 걸까요?"
"글쎄, 잘 모르겠지만 그런 게 아닐까?"
_드라마 〈미생〉의 대화 중 일부

외눈박이로
편견에서 벗어나다

'아…!'

소중한 눈알 하나를 뺐다. 고통조차 없었다. 진통이 왔을 법도 한데. 괴로워할 찰나조차 없었다. 마취된 상태에서 나도 모르게 집도가 이뤄진 것도 아닌데 고통 하나 없이, 언제 빠졌는지도 모를 만큼, 감쪽같이 빠졌다. 그런데 세상은 오히려 뚜렷이 보였다.

정확히 말하면 물리적은 아니다. 외눈박이의 물리적 의미는 한쪽 눈이 먼 사람을 낮잡아 이르는 말이지만, 내 경우에는 정신적인 부분이었다. 포기한 댄서라는 악몽에 홀려 아무것도 하지 못하던 나는, 거침없이 눈알을 빼고 외눈박이가 됐다.

꿈을 포기한 당시는 정말 커다란 허탈함이 나를 괴롭혔다. 며칠 내내 침대에 누워 아무것도 하지 않았다. 천장에 붙은 하얀색 백열등만 바라보면서 나는 내게 남은 선택이라곤 두 가지라고 생각했다.

따뜻한 욕조에 몸을 담그고 손목의 정맥을 끊거나, 다시 마음을 추스르고 나아가는 것. 그러나 내가 사는 집은 나 혼자 쓰는 집이 아니었기에 유혈사태를 일으킬 순 없었다. 남은 선택은 추스르는 것뿐이었다.

댄서의 길이 잘못된 꿈이라는 것은 뇌 속에 확실히 각인됐다. 그런데 쓰라린 마음은 여전했다. 이성은 이제 그만하고 다른 길을 찾으라고 확실히 외치는데, 감성은 귀머거리였는지 혹은 들은 체 만 체 있었던 건지 알 수 없었다.

짜증이 솟아올랐다. 함께 연습생 활동을 하던 친구들이 나를 불쌍하게 여기는 모습이 상상됐다. 예전 활동했던 댄스팀 멤버들이 '그럼 그렇지, 실력도 안 되는데 어떻게 댄서가 되겠냐.'고 쯧쯧 데는 소리가 들리는 것 같았다.

며칠이 지나도록 이런 짜증과 허탈함의 복합적인 감정은 내게 극복할 수 있는 방법에 대한 답을 찾지 못하게 막고 있었다. 그러다 나는 결국 한 가지를 깨달았다. 댄서를 포기한 나를 불쌍하게 여긴 건 결국 나 자신이었다는 사실을.

나는 남들의 시선을 신경 썼던 것이다. 남들도 나를 그렇게 걱정할까 봐 걱정이 되었나 보다. 다 쓸데없는 걱정이었거늘. 포기한 꿈이 나를 짜증나게 만든 이유는 무엇에서 기인하는지 다시 진지하게 생각해봤다. 곰곰이 따져 보니 막상 별 이유가 없었다.

정말, 남들이 쯧쯧거려서? 그렇지 않다. 분명 그들은 내가 포기한 꿈에 별 관심도 없었을 것이다. 오랜만에 지나가는 말로 "애가 댄서의 길을 그만뒀다네."라고 화자 될 수는 있겠지만 딱 그 이상도 이하도 아니라고 생각했다.

　일본의 유명 소설가 미치오 슈스케(道尾秀介)의 저서 『외눈박이 원숭이』에는 이런 이야기가 나온다. 옛날에 원숭이 구백아흔아홉 마리가 사는 나라가 있었다. 그 나라의 원숭이들은 모두 외눈박이였다. 얼굴에 왼쪽 눈만 있었다. 그러던 어느 날 그 나라에 딱 한 마리, 두 눈이 모두 달린 원숭이가 태어났다. 온 나라의 원숭이들이 그 원숭이를 놀리고 비웃었다. 고민 끝에 그 원숭이는 결국 자신의 오른쪽 눈을 빼버려서 다른 원숭이들과 똑같아졌다.
　"원숭이가 빼버린 오른쪽 눈이 뭐였을 거 같아?"
　극 중 남주인공의 물음에 여주인공은 당황한 듯 고개를 갸웃했고 그는 말을 이었다.
　"내 생각에는 말이야. 원숭이가 빼버린 건 자존심이 아닐까 싶어."
　그렇다. 나는 이 자존심을 꼭 붙들고 있었던 것이다. 자존심 때문에 짜증이란 감정이 해소되지 않았던 것이다. 자존심이란 사회적 잣대를 통해 남과의 비교를 통한 일종의 열등감을 느끼는 행위이다. 대한민국 사회는 서로 비교하며, 다른 사람들과 비슷해지려고 하는 경향이 있다. '옆집 누구는 그랬다던데 나는 왜 이러지.' 등으로 비교하는 경향에서 이런 사고방식이 만연하다.
　이런 예로 대표적인 건 전공이 있다. 요즘에서야 자유전공이란 게 생겨서 조금씩 변화가 생기고 있긴 하지만, 내가 하고 싶은 걸 고르는 것보다는 남들과 비교하며 전공을 선택하는 경우가 대다수다. 하지만 실제 사회에서 전공대로 사는 사람은 그리 많지 않다.

이런 행위가 계속되는 이유는 자존감, 즉 자기 자신의 고유한 가치를 소중히 여기는 것이 잘 이루어지지 않기 때문이다. 비교라는 적이 자존감을 누르고 있다. 자존감은 자신의 마음속 소리에 귀를 기울이고 자신에 대해 이해를 하려는 행위가 수반된다. 이에 비해 자존심은 타인에게 비추어질 나의 모습 때문에, 끊임없이 남과 자신의 조건을 비교한다. 남과의 비교를 통해 자기가 더 나아보이면 우쭐해지고 초라해 보이면 패배감에 젖어든다.

우리의 모습을 한 번 살펴보자. 우리는 겉으로 보이는 것들로 남들과 끊임없이 비교하며 때로는 우쭐해 하고 때로는 부러워하며 때로는 패배감에 시달린다. 하지만 자존감이 자존심보다 높아지면, '남들은 남들의 가치가 있고 나는 나만의 가치가 있다'고 생각하기 때문에 이런 비교라는 비극의 굴레에서 벗어난다.

자존심과 자존감은 당신의 진짜 꿈을 찾는 과정에서 중요하다. 내가 한때 좇았던 꿈은 남들의 눈을 의식하여 정한 것이다. 자존심 때문에 정한 잘못된 꿈이었다. 그래서 꿈을 포기한 당시 좀 더 그럴듯한 거창한 꿈을 찾아야 한다는 강박관념에 나는 시달리고 있었던 것이다.

하지만 남의 시선을 의식하고 정한 꿈, 그리고 그로 이어지는 직장, 가정 등의 삶의 모든 것들이 과연 당신에게 만족과 행복을 가져올 것인가? 오히려 피곤해질 뿐이다. 원해서 하는 것과 남들이 생각하기에 멋있어 보이는 것과의 간극은 엄청난 차이가 존재한다. 그래서 자신이 진정으로 원하는 것에 관심을 집중해야 한다.

그래서 나는 외눈박이 원숭이처럼 눈 하나를 뺐다. 정신 속에 깊이 박힌 자존심을 뽑아내었다. 그리고 그 빈 곳에 자존감을 채워 넣자고 결심했다. 그러자 세상이 오히려 뚜렷이 보였고 짜증도 날아가 버렸다.

일류로 나아가는 이들은 모두 자존감이 있다. 그들의 삶에는 자존심보다는 자존감이 자리 잡고 있다. 당신은 어떤 삶을 살고 싶은가. 물론 이를 선택하는 것에는 당신의 몫이지만 나는 꿈을 포기한 이후 이제는 자존심이 아닌 자존감을 키워보기로 결심하고 내 삶의 근본적인 부분부터 내가 무엇을 좋아하고 원하는지, 어떤 사람이 되고 싶은지에 대한 모습을 궁리하기 시작했다.

일류로 나아가는 추월차선

삼류의 삶에서 벗어나는 지름길은 분명히 존재한다. 일류로 나아가고 만족 속에 하루를 살아가며 대부분의 사람이 누리지 못하는 부를 얻고 살아갈 수도 있다. 안타까운 사실은 당신이 손쉽게 발견할 수 없도록 그 지름길이 교묘하게 가려져 있다는 것이다.

삶에서 당신에게 가장 잘 보이는 건 대부분이 당신의 생각을 마비시키는 길이다. 그 길은 당신을 일류가 아닌 삼류로 만들며 무기력한 삶을 제공한다. 그저 생존만을 위해 본인의 꿈은 버리라고 강요하는 분위기가 형성되어 있다.

당신이 이런 길로 가는 중이면 분명 다음과 같은 질문을 던질 것이다. '만족하는 삶을 살고 일류로 나아가려면 어떤 것들이 있어야 하지?'라고. 이 질문에 대한 답을 구하기 위해 자기계발을 시켜주는 어학학원이나 학벌을 세탁하는 방법들을 좇을 것이다. 이러면서 '또, 뭘 안 했지?'라고 생각할 것이다.

이제 그만 멈춰라. 해답은 당신이 '무엇을 하지 않았는가?' 가 아니라 '무엇을 왜 해왔는가'에 있다. 이 사실을 직시하지 못하면 당신은 일류의 서행차선만 달리다가 뒤늦게 추월차선을 발견하고 땅을 치고 후회할 것이다. 그리고 실제로 대다수가 그러하다.

이집트 파라오가 그의 조카 추마와 아주르를 불러 임무를 맡겼다. 조국을 위한 기념비적 피라미드를 하나씩 지어 바치라는 것이었다. 각 피라미드가 완성되는 대로 왕자의 지위를 주고 호화로운 삶을 살도록 해주겠다고 약속했다. 단, 혼자서 건설해야 한다는 조건이 있었다. 그 둘은 이 엄청난 일을 마치려면 몇 년이 걸릴 것임을 알았지만 파라오의 명을 받은 것에 감사하며 도전하기로 했다.

아주르는 별 준비 없이 곧바로 도전에 착수했다. 크고 무거운 돌을 끌어와서 하나하나 옮겨놓았다. 돌은 너무 무거워 움직이기가 어려웠지만 몇 달이 지나자 그의 피라미드는 토대를 갖추기 시작했다. 그리고 1년에 걸친 작업 끝에 큰 틀은 거의 완성하기에 이르렀다.

그러나 추마의 피라미드가 있어야 할 곳은 텅텅 비어 있었다. 아직 도전조차 시작하지 않았던 것이다. 아주르는 그런 추마를 찾아갔다. 그는 헛간에서 무언가를 만들고 있었다. 무엇을 만드냐고 물으니, 추마는 피라미드를 쌓아올릴 기반을 준비하고 있다고 했다. 1년 동안 돌도 쌓지 않은 채 그저 준비를 하고 있는 그를 보고, 아주르는 코웃음을 치며 머저리라고 비아냥거렸다. 하지만 추마는 굽히지 않고 준비에 몰두하며 이렇게 말했다. "아주르, 너는 그저 왕자의 지위에 대한 욕심 때문에 눈이 멀어 멀리 보지 못하고 있어. 내겐 그만 신경 꺼. 나는 확신하니까." 아주르는 그런 추마를 보며 그저 바보 같다고만 생각했다.

또 한 해가 지나자, 아주르는 기초를 마무리하고 다음 층을 쌓기 시작했다. 피라미드를 성공적으로 짓기 위해 근육을 최대한 키워야겠다고 막연하게 생각한 그는, 힘이 센 자에게 훈련을 받기도 했다. 더 키우면 키울수록 성공적으로 피라미드를 지을 수 있겠다고 생각했다.

그러던 어느 날, 아주르가 무거운 돌을 옮기고 있었는데 어디서 소란스러운 소리가 들렸다. 추마가 나타난 것이다. 심지어 무거운 돌을 피라미드 위로 순식간에 끌어올리고 있었다. 추마는 지금까지 돌을 옮기는 기계를 만들었던 것이다.

추마는 아주르가 1년에 걸쳐 이뤘던 일을 일주일 만에 따라잡았다. 결국 그보다 먼저 피라미드를 짓는 데 성공해, 왕자의 지위와 엄청난 재물을 물려받았다. 한편 아주르는 자신의 관점을 고수하고 오랜 세월 쌓기만 하다가 두 층을 남겨놓고 심장마비로 생을 마감했다.

어떻게 추마가 아주르를 제치고 성공적인 피라미드를 만들 수 있었을까? 그 비결은 준비 과정에 있었다. 생각 없이 행동부터 하며 육체적 스펙만을 키워 어떻게든 해보려고 했던 아주르와 다르게, 추마는 다방면으로 철저히 고민하고 그가 고안한 시스템을 따라 실행했기에, 어려운 피라미드 건설을 빠르게 성공할 수 있었다.

아주르가 그저 돌을 들어 쌓아올리는 서행차선을 탔다면, 추마는 다방면의 준비와 철저한 시스템을 통해 추월차선을 타고 성공한 것이다. 이는 삶에서도 별반 다를 바가 없다. 아무 생각 없이 하루를 살아가다가 삶이 어렵다 싶어지면 남들이 좋다고 이야기하는 것에만 발길을 돌리는 것과 빠르게 나아갈 준비를 하고 시스템에 따라 도전하는 것은 다른 결과를 가져올 수밖에 없다. 일류의 서행차선을 타는 이들과 추월차선을 타는 이들 간의 차이는 다음과 같이 볼 수 있다.

일류로 나아가는 삶에서 서행차선을 걷는 사람이 있다. 커리어로 예를 들자면, 그들에게는 명확한 목적지가 존재하지 않는다. 그저 좋은 곳이라 생각되면 지원하기 바쁘다. 안 되면 그 즉시 스펙 부족이라 판단하고 좋다고 하는 스펙을 더 갖추거나 기존에 보유 중인 스펙을 더 향상시키려 한다. 묻지 마 지원과 스펙의 노예로 살아간다.

> **서행차선의 사고방식**
> ❶ 커리어에 대한 인식: 돈만 많이 주면 어디든 괜찮아.
> ❷ 삶의 방정식: 먹고만 살 수 있으면 되지.
> ❸ 목표에 대한 인식: 목표가 없어도 돈은 벌 수 있잖아.
> ❹ 미래에 대한 인식: 먹고 사는 것도 바쁜데 무슨 미래 생각이야!

• 서행차선이 끌어당기는 것: 삼류

서행차선에서의 여정은 당신을 삼류로 만든다. 그들의 여정은 단기적이라 삶에서 원하는 바를 이루는 것에 강력한 힘을 발휘하지 못한다. 그들에게 이유를 물으면 세상이 문제라며 외부요인을 탓할 것이다.

일류로 나아가는 삶의 추월차선을 걷는 이들, 그들의 사상은 명확하다. 원하는 삶을 그리고 꿈을 찾는다. 그것을 이루기 위해 효율적 체계를 만들어 자신의 역량을 극대화하고자 한다. 은퇴 후 삶까지 생각하기 때문에 자신의 방향 설정을 중요시한다.

추월차선의 사고방식

❶ 커리어에 대한 인식: 일을 배우고 평생 살아갈 밑천을 만드는 곳이어야 해.
❷ 삶의 방정식: 원하는 바를 하면서 살아가야지.
❸ 목표에 대한 인식: 꿈을 기초로 목표를 이루고 다음 여정을 향해 박차를 가하자.
❹ 미래에 대한 인식: 미래를 바꾸려면 내가 하고 싶은 것을 해야 해.

• 추월차선이 끌어당기는 것: 일류

추월차선에서의 여정은 당신을 일류로 만든다. 그들은 인생을 잘 살기 위해선 자신이 하고 싶은 일을 해야 한다는 걸 알기에 자신이 원하는 삶을 정의하고 이를 이루기 위해 모든 걸 건다. 그렇기에 단기적인 시간에 원하는 것을 얻는 힘을 발휘한다. 심지어 그들에게 직장은 배우면서 다닐 수 있는 학원 같은 존재다. 그래서 자신이 원하는 것을 배우기 위해 신념을 갖고 철저히 준비한다.

일류로 나아가는 추월차선을 타자. 서행차선을 따라가면 일류로 나아가는 길은 멀고도 어렵기만 하다. 설령 당장은 먹고 살 수 있어도 이후 미래가 불투명하다. 그 길에서 겪는 괴로움에 포기하기도 한다.

반면 추월차선은 당신이 원하는 삶을 향해 도전할 수 있기에 단숨에 액셀러레이터를 밟고 나아갈 수 있다. 명확한 목표가 있으니 흔들리지 않고 꾸준한 노력을 하며, 효율적인 시스템에 따라 자신을 성장시키며 일류로 거듭난다. 관점을 바꾸면 당신은 추월차선에 올라 원하는 삶을 살고 돈까지 따라오는 일류가 될 수 있다.

번번이 털리는 당신,
이제 달라질 때

"성공한 사람이 될 수 있는데 왜 평범한 이에 머무르려 하는가?"

독일의 시인이자 극작가였던 베르톨트 브레히트(Bertolt Brecht)가 사람에 대해 언급한 명언이다. 그는 누구나 성공한 사람이 될 수 있는 자질이 있는데 왜 찾지 않고 삶을 살아가느냐고 비판했다.

한때 나도 내 자질을 찾지 못해 평범한 댄서의 길을 걸었다. 그러다 현실의 벽에 무너져 그저 낡은 테이프를 반복해서 돌리는 무미건조한 삶을 살았다. 자동인형 같은 반사적인 행동만을 하며 시간을 보냈다. 종소리를 들으면 반사적으로 침을 흘리는 파블로프의 개처럼 정해진 루틴 속에 살아나갔다.

하지만 나는 나의 자질을 찾고 평범한 사람이 되기를 거부하였다. 진정한 나의 꿈을 찾기 위해 많은 시간을 쏟아 부었고, 지금 나는 일류로 나아가는 삶을 살고 있다. 자기만의 꿈을 가지는 것이 중요하다는 건, 일류로 나아가는 삶을 살고 있는 다른 이들을 엿봐도 알 수 있다.

오스트리아에 한 소년이 살았다. 그는 자신이 무엇을 하고 싶어 하는지 잘 몰랐지만, 법관이나 목공이 되고 싶진 않은 건 확실했다. 그는 야망이 있었다. 게다가 무엇을 선택하든 최고가 될 수 있다는 자신감도 있었다. 그는 비록 몸이 건장하지는 않았지만 운동신경은 좋은 편이었다. 주변에서는 그에게 운동선수가 되면 어떠냐고 제안했고, 그 또한 운동을 좋아했기에 고심 끝에 운동선수의 길을 결심하고 여러 가지 종목에 도전해 나갔다.

소년은 컬링부터 복싱, 달리기, 그리고 투창이나 투포환 같은 필드 경기까지 다양한 분야를 접해보았다. 그러나 도전하는 종목마다 두각을 드러내지 못했다. 몇 년을 허비하고 '이거다'라고 정하고 뛰어든 축구선수의 길 또한 5년 동안 어느 성과도 이뤄내지 못했다. 무엇이든 할 수 있는 줄 알았던 자신감은 서서히 사라지고만 있었다.

그러던 어느 날 축구부 코치가 부원들에게 체력 증진의 목적으로 역도를 하라고 지시했다. 그리고 역도를 배우러 보디빌딩 체육관을 찾아간 그 날, 소년은 자신의 꿈을 찾을 수 있었다. 그는 당시를 이렇게 회상한다.

"보디빌딩 체육관에 처음 갔던 날은 평생 잊지 않을 것 같습니다. 그날 역도하는 사람을 처음 봤었는데 너무나도 멋지더라고요. 마치 헤라클레스처럼 강인해 보였다고 할까. 그리고 그 앞에는 제가 그토록 생각했던 고민에 대한 답이 있었습니다. 보디빌더가 되어야겠다는 결심. 모든 게 갑자기 확실해지니 공중에 떠 있는 다리를 건너다

단단한 지면 위로 내디딘 것처럼 고민이 사라지고 복잡한 마음이 진정되더라고요."

그러나 그의 별칭은 '말라깽이'였다. 그의 몸이 정말 말랐다기 보다 운동하는 사람들 중에서 왜소한 편이었다. 그런 그가 보디빌더가 되겠다며 축구를 그만둔다고 하니 모두가 말렸다. 심지어 소년의 꿈을 비웃거나 무시하기도 했다.

하지만 그는 남들이 어떻게 생각하는지는 신경 쓰지 않았고 자신의 길을 걸어나갔다. 에너지를 모두 쏟아 붓고 싶은 진정한 꿈을 찾았기 때문이었다. 쉬지 않고 꿈을 향해 내달리며 일주일에 6일, 하루에 10시간씩 운동을 하며 세계 최고의 보디빌더를 꿈꿨다.

몇 년이 지나고 오스트리아에서 군 복무를 하던 열여덟 살 때, 소년은 처음 참가한 메이저 대회인 '주니어 미스터 유럽'에서 우승을 거머쥐었다. 스무 살에는 런던에서 열린 아마추어 미스터 유니버스에서 우승을 차지했다. 그리고 이후 13년 동안 미스터 올림피아를 포함한 세계 주요 보디빌딩 대회에서 7번이나 우승을 했다. 그는 바로 우리 모두가 한 번쯤은 본 적 있는 영화 〈터미네이터〉에 나오는 미스터 유니버스 출신 배우 '아놀드 슈워제네거(Arnold Schwarzenegger)'이다.

다른 사람의 말에 휩쓸리지 않고 자신이 원하는 꿈을 찾으면 더 이상 번번이 털리지 않고 일류로 나아가는 삶을 살아갈 수 있다. 미국의 유명한 저널리스트이자 작가 포 브론슨(Po Bronson)은 미래에 대해 이렇게 말했다.

"당신이 미래에 일류가 되느냐의 여부는 '내 인생을 어떻게 살고 싶은가?'라는 질문과 함께 시작합니다."

그는 물론 꿈이 있다고 무조건 성공하는 것은 아니지만, 적어도 자신이 가지고 있는 꿈과 관련된 일을 할 때 일류로 나아가며 성공적인 인생을 살 수 있다고 언급한다.

한때 나 또한 잘못된 꿈을 찾고 헤맸다. 하지만 내가 원하는 꿈을 찾고 이와 관련된 일을 하다 보니 나는 이를 직접 경험한 증인이다. 꿈과 관련된 일을 하는 과정에서 목적이 더욱 명료해진다는 사실을 발견했고, 이를 통해 일류로 가는 길이 더더욱 명료해졌다. 그저 남들의 말에 혹해서 갔던 길과는 달랐다. 내가 다시 찾은 길에서 원하는 꿈을 살고 있는 일류들처럼 될 수 있다는 걸 느꼈다.

묘한 기분이지만 내가 원하는 길을 걷는다는 건 나의 상상력을 불타오르게 하고 꿈이 더 커져나가며 현재 올바른 진로를 따르고 있다는 것을 지속적으로 확인할 수 있었다. 내 꿈의 청사진을 보았고 그 그림에서 나 자신을 볼 수 있었다. 이는 영화감독 스티븐 스필버그(Steven Spielberg)도 마찬가지였다.

학창 시절 스필버그는 책을 잘 읽지 못하는 난독증이 있어서 학교 성적이 엉망이었다. 고등학교 평균 성적은 C에 불과했다. 큰 코에 고수머리 등 유대인의 신체적 특징이 뚜렷한 외모 탓에 친구들에게 따돌림도 받았다. 훗날 그 자신이 '지옥 같은 고교 생활'이라고 술회할 정도로 힘든 나날이었다.

그런 스필버그에게 영화촬영은 유일한 즐거움이었다. 그는 고등학교를 다닐 때부터 영화감독이 되고 싶었고 누가 뭐라 하든 간에 자신의 꿈에 대해 확고한 신념이 있었다. 하루는 스티븐의 아버지가 영화감독이 되고 싶다는 그에게 이렇게 말했다.

"감독이 되는 건 쉬운 길이 아니란다. 무엇보다 밑바닥부터 일을 배워야 하고 잔심부름꾼만 하다가 그만두는 것도 허다하게 일어난단다. 하나하나 올라가는 게 정말 어려운 일일 건데 꼭 해야 하겠니?"

그러자 스티븐은 이렇게 답했다.

"아뇨, 아버지. 저는 반드시 감독이 되고 말 거에요. 이 일을 하는 게 제 꿈이고 일을 한다는 걸 생각만 해도 재미있거든요."

아버지는 스티븐의 말에 가슴이 쿵 했지만, 아들이 가진 꿈에 대한 확신과 열정에 감동하여 아들의 첫 장편 영화인 〈파이어라이트 Firelight〉 제작자금을 지원해줬다. 독립영화였지만 영화관에까지 성공적으로 상영됐고 수익까지 창출해 아버지에게 투자금을 갚고도 돈이 남았다.

스티븐은 늘 동료들에게 이렇게 말했다고 한다.

"나는 공상과학의 세실 드밀이 될 거야."

미국 영화의 최고 개척자인 세실 드밀(Cecil B. DeMille)이라는 일류를 보며 그는 자신의 길을 나아갔다. 이후 〈쥬라기 공원〉, 〈맨 인 블랙〉, 〈트랜스포머〉, 〈E.T.〉, 〈마이너리티 리포트〉, 〈백 투 더 퓨처〉, 〈그렘린〉, 〈미지와의 조우〉 등 히트작 공상과학 영화를 제작하며 명감독의 반열에 자리매김할 수 있었다. 자신이 원하는 것을 발견하며 꿈을 찾고 어느 순간 그는 일류가 되어버렸다.

"꿈이 있으면 삶에서 남들보다 빠르게 일류로 나아갈 수 있습니다. 만족하는 삶까지 살 수 있습니다. 돈도 절로 따라옵니다. 무언가를 이뤄야 하는 상황이라면 세세한 방법 이전에 꿈부터 찾으세요!"

내가 강연에서 자주하는 말이다. 이런 강연을 하며 많은 사람을 만났었다. 꿈꾸는 사람들은 이 말을 듣고 움직이는데 그렇지 않은 사람들의 무기력한 모습은 굳이 대화를 하지 않아도 눈앞에 그려진다. 자기 자신이 누구고 무엇을 향해 나아가고 싶은지에 대한 모습이 있다면, 그리고 그 모습이 꿈으로 자리매김한다면 당신은 어느 순간 자신도 모르게 일류가 되어있을 것이다. 일류로 나아가는 삶을 사는 것으로 발생하는 당연한 결과다.

우리는 모두 선택을 하며 살아가야 한다. 여기서 핵심은 당신이 원하는 꿈을 찾고 이와 관련된 일을 해나가느냐, 아니면 꿈에서 멀어지는 선택을 하고 원치 않는 삶을 살아가느냐이다. 당신의 꿈을 알고 당신이 원하는 선택을 하자. 번번이 털리는 당신의 삶, 이제부터는 일류의 삶으로 탈바꿈해보자.

> "인간의 커다란 착각은 자신의 의식 상태가 아니라 다른데 문제의 원인이 있다고 확신하는 것이다."
>
> _네빌 고다드(Neville Goddard)

2장

일류로 살고 싶다

일류는
무엇을 하며 사는가?

기업체에서 인터뷰 요청이 왔다. 내 첫 책인『취업, 이겨놓고 싸워라』를 보고 취재를 하고 싶다며 의사를 전했다. 내가 일하는 곳으로 취재팀은 찾아왔고 이런저런 대화를 나누었다. 그리고 취재 기자는 이런 질문을 했다.

"작가님, 일류란 무엇이라고 생각하시나요?"

준비한 답변은 없었지만 조심스레 내 의견을 다음과 같이 전했다.

"글쎄요… 꿈대로 살아가는 것, 아닐까요?"

취재팀 모두는 이 말에 공감했다. 그리고 이 계기로 나는 지금의 이 책을 쓰게 되었다. 한때 나도 일류로 나아가는 법에 대해 많이 고민했었다. 20대 초반의 날들을 통해 말이다.

결심했다. 인생에서 딱 한 번쯤은 일류가 되어보자고. 그럼 무엇을 해야 할까? 딱히 감은 오지 않았다. 삼류는 되어 봤으나 일류가 된 경험이 없으니. 주변을 둘러봐도 딱히 보이지 않았다(지금 보면 네트워크가 참 부족했다). 그러던 중 어느 날 학교에서 경영학 수업을 듣다가 교수님이 이런 말을 했다.

"여러분, 모든 기업의 성장은 어디서부터 시작했을까요? 바로 벤치마킹이 시작이었습니다. 처음은 비록 작았지만 성공적인 벤치마킹으로 성장을 일궈낸 거죠. 이제 벤치마킹이 얼마나 중요한지 이해하겠죠?"

벤치마킹이라… 이 말을 듣고 아이디어가 떠올랐다. 벤치마킹의 콘셉트대로 일류로 사는 사람을 롤 모델로 삼아 그들을 따르면 어떨까 하고. '어떻게 하면 일류가 될까'라는 질문에서 '일류는 어떻게 살고 있는가?'로 질문 한 단계를 도약했다. 즉시 롤 모델을 찾아보기로 했다.

그러고는 일류로 불리는 존재들의 책을 읽어보기 시작했다. 누구라도 한 번쯤 접했을 GE의 잭 웰치(Jack Welch) 회장부터, 경영학의 아버지 피터 드러커(Peter Drucker), 삼성그룹의 이건희 회장, 현대자동차그룹 정몽구 회장까지 여러 사람의 삶을 답습해 보았다. 모두가 엄청난 존재였지만 유독 피터 드러커의 삶에 눈길이 갔다.

그는 그저 경영학의 대가가 아니었다. 정치, 경제, 인문학 등 다양한 분야에서도 뛰어났다. 심지어 가정적으로도 행복했고 오랫동안 왕성한 활동도 했다. 심지어 내가 처음 접한 GE의 잭 웰치 회장에게 가장 큰 영향을 미친 사람이기도 했다. 한국 기업인들도 그의 영향을 받은 사람들이 많았다. 그의 삶을 조금 더 들여다보았다.

그는 탄탄한 가정배경이 있었다. 그의 아버지는 재정 장관이었다. 이러한 환경 덕분에 어린 시절부터 여러 분야의 거목을 만나며 자라 왔다. 심지어 어머니는 프로이트와 친분이 있었다. 그는 다양한 경험도 했었다. 오스트리아 태생이지만 독일 대학에서 정치학을 공부했고 영국에서 증권사 애널리스트, 미국에서 신문기자로 활동했다. 이후 IBM에서 수많은 프로젝트를 수행했으며 미국 베닝턴 대학에서 정치, 미국사, 경제사, 철학, 종교 등의 수많은 주제를 가르치는 교수로 활동하며 약 30권의 책을 출간했다.

엄청났다. 그의 삶을 들여 보았을 뿐인데도 이미 나는 일류가 된 것만 같았다. 벤치마킹이라는 단서를 가지고 일류를 따라하는 접근 방법이 옳았다고 확신했다.

그날 학교에서 들은 수업 덕택에 롤 모델을 찾자는 아이디어를 얻을 수 있었다. 덕택에 다양한 분야에서 일류들의 삶을 찾아볼 수 있었다. 특히 피터 드러커는 내게 많은 감명을 불러일으켜 주었고 롤 모델로 적합했다. 그러나 막상 롤 모델을 기초로 그의 삶을 벤치마킹한다는 것은 쉬운 일이 아니었다.

피터 드러커를 롤 모델로 정한 후 그가 무엇을 하며 살아왔는지 정리해 보았다. 그가 살아오며 일궈낸 것들, 이뤄낼 수 있었던 방법, 그리고 이를 위해 내가 할 수 있는 것이 무엇이 있을지 생각해보았다.

하지만 벤치마킹에서 내가 생각했던 계획과는 달리, 내가 할 수 있는 것을 발견하지 못했다. 아무리 고민해 봐도 내가 할 수 있는 건 거의 없었다. 내가 피터 드러커가 아니었기 때문이다. 그와는 환경부터 성향까지 모든 게 달랐다. 내가 얻을 수 있는 건 그저 '노력하라, 많은 경험을 쌓아라, 장단점을 알아라.' 정도의 일반적인 것뿐이었다.

마치 스티븐 코비(Stephen Covey)의 『성공하는 사람들의 7가지 습관』에서 나오는 '주도적이 되라, 끝을 생각하며 시작하라, 소중한 것을 먼저 하라, 대인관계에서 승리하라, 윈-윈 하라, 먼저 이해하고 다음에 이해시켜라, 시너지를 내라, 끊임없이 쇄신하라'의 습관들 같이 누구나 들어도 뻔한 느낌과 별다를 바가 없었다. 그냥 이 책을 읽을 걸 그랬다는 생각이 들었다.

그 후 나는 며칠을 고민하며 다른 방법을 찾아보았다. 그러나 결국 찾을 수 없었다. 다시 원점으로 돌아왔다. 일류를 벤치마킹하는 것이 옳은지부터 다시 고민해야 했다. 역시 일류는 아무나 되는 것이 아니라는 생각에 답답했다.

그런데 문득 한 가지 의문점이 떠올랐다. 일류들이 일궈낸 놀라운 결과의 과정은 무엇이었을지 궁금해졌다. 그 결과까지 다다른 시작점의 동기 등을 포함한 과정 말이다. 이 관점으로 피터 드러커를 포함해 다른 일류들을 다시 조사해보니 다음과 같은 공통점을 발견할 수 있었다.

그들은 전부 무언가를 이뤄낼 때 세 가지 질문을 꼭 던진 후, 이에 대한 답을 찾고 눈이 부신 업적들을 만들어 낸 것이었다. 그 세 가지는 다음과 같았다.

첫째, 나는 누구인가?
둘째, 나는 어떤 삶을 살기를 원하는가?
셋째, 그러려면 무엇을 해야 하는가?

발가락 끝 뼈마디에서부터 머리의 두개골까지 전기가 흐르는 듯했다. 우연히 보였던 공통점. 나조차 모르게 바꿔서 본 관점에서 이런 점을 발견했던 것이다. 빠진 기운이 다시 솟구쳐 나왔다. 어찌 보면 뻔한 이야기보다 더 뻔할 수도 있지만 결과를 보느냐, 시작의 동기를 보느냐의 큰 차이가 있었다.

나는 이 질문에 대한 자신만의 답을 찾는 것이 일류로 나아가는 시발점이라고 확신했다. 성향과 자질은 개개인 별로 다르고 이를 기반으로 일류가 되는 길은 다르게 되기 때문이다. 모두 같은 꿈과 같은 계획이 있는 것은 아니니 말이다.

어찌 보면 내가 댄서로의 삶이 삼류였던 이유는 이렇게 시작점에서부터 접근하지 않았기 때문이었을지도 모른다.

'나만의 성향과 자질을 알고 이를 기반으로 꿈을 찾고 계획하면 일류가 될 수 있다.'

내가 발견한 일류가 되는 방법이었다. 막상 결과가 어떻게 될지는 보이지 않았지만 일류를 그대로 따라한다는 불가능한 방법보다는 더 통쾌했다.

무엇보다 즉각 실천해 나갈 수 있다는 생각이 들었다. 그래서 나는 꿈을 찾기 전에 나부터 잘 알아가자고 결심했다. 그 과정에서 나의 성향과 장단점을 모색하고 꿈을 찾고 계획을 세워 일류로 도약하자고 다짐했다. 나를 찾아 떠나는 여행은 그렇게 시작의 축포를 울렸다.

나중에 와서야 겨우 알았지만 그 대단한 피터 드러커조차 단점이 있었고 그는 그것을 매우 잘 알고 있어서 장점을 최대한 활용해나갔다. 또한 자신이 누구인지, 어떻게 살고 싶은지, 이를 위해서는 무엇을 해야 하는지 늘 질문을 던지면서 그에 맞는 삶을 살았고 결국 경영학의 아버지라는 시대의 획을 긋는 타이틀로 일류의 입지를 자리매김했다.

일류는 하루아침에 만들어지지 않는다. 또한 모든 일류는 일류로 나아가게 된 과정과 환경이 상이했기에 그들이 이루어낸 결과만을 보고 이를 답습하는 것은 옳지 않다. 그들과 같은 환경과 과정을 밟게 될 확률보다는 로또 당첨 확률이 높다고 본다.

그래서 일류로 나아가려면 자신에 대해 먼저 알아야 한다. 나는 무엇을 원하며 어떤 사람이 되고 싶은지를 찾아야 한다. 앞서 언급한 '나는 누구인가? 나는 어떤 삶을 살기를 원하는가? 그러려면 무엇을 해야 하는가?'의 세 가지 항목을 염두에 두고 있다면 당신도 일류가 되는 길로의 첫발을 내딛었다고 볼 수 있다. 피터 드러커 또한 그랬고 나조차도 그랬던 것처럼 말이다. 잠시 책을 덮고 1분여간 세 가지 질문을 생각해 보길 바란다.

어릴 때
당신의 습성을 잡아라

"개개인이 자신의 일에 만족하고 자부심이 강합니다. 그래서 전문적이기도 하지요. 자기 삶에서 행복함을 느낍니다. 돈은 굳이 바라지 않아도 따라옵니다. 이렇게 되려면 어떻게 해야 할까요? 정답은 하고 싶은 일을 하는 겁니다. 그래서 꿈을 찾아야 합니다!"

대중은 감명을 받는다. 모두 꿈을 찾고 하고 싶은 일을 하기를 결심한다. 자신만의 목표를 향해 나아가니 모두 전문가가 되고 부자가 되었다. 나라는 발전한다.

내가 바라는 이상향이다. 이렇게 되려면 꿈을 장려하는 사회적 분위기가 조성되어야 한다. 가장 좋은 방법은 개개인이 어릴 적부터 습성을 바꾸는 것이다. 꿈을 향해 나아가는 습성 말이다.

나는 어릴 적 마트 수산코너에서 아르바이트를 했다. 당시 열심히 일하는 나를 잘 봤던 실장님은 정직원에게만 알려주는 회 뜨는 법까지 전수해줬다. 내게 처음 떠보라고 맡긴 고기는 광어였다. 가장 잡기 쉽다고 해서였다.

먼저 해야 할 일은 물고기의 생명부터 끊는 것이었다. 살인(殺人)은 아니지만 기분이 찜찜했다. 해야겠다는 마음은 굴뚝같았지만 손이 움직이지 않았다. 생명을 거두는 것이라 그런 것일까.

그때였다. 뒤에서 지켜보던 실장님이 칼을 쥔 내 손을 덥석 부여잡고는, 광어의 머리를 냉큼 썰어버리는 것이었다. '부드득 부드득' 뼈가 썰리는 유쾌하지 않은 소리와 함께 광어는 죽었다. 그리고 그는 내게 이렇게 말했다.

"얘야, 광어만큼 죽이기 쉬운 생선이 없단다. 다른 생선과는 달리 이놈은, 머리를 잘라도 조금만 떨다가 체념하고 죽어버리거든. 수조에 갇혀 있을 때부터 이놈의 삶은 이미 끝이 있었던 게지. 숨만 쉬며 수조에 붙어있는 거란다."

"아… 그렇습니까?"

처음 생명을 끊고 어리벙벙한 나를 보며 그는 이렇게 또 말했다.

"그러니까, 어서 마무리해!"

"아, 네!!"

그리고 나는 체념한 채 광어의 생을 마무리 지었다.

그렇게 얼마간 일했을까. 갑자기 마트에 위기가 찾아왔다. 마트는 프랑스에 본사를 둔 외국계였는데 직원들을 해고하라는 명령이 내려왔다고 하는 것이다. 아르바이트생인 나에겐 상관이 없었지만. 그런데 실장님은 그 사태에서 해고를 당했다.

그는 저항 한 번 못해보고 마트를 떠났다. 존재감도 없이 고함조차 외쳐보지 못하고, 저항도 거의 없이 '파르르' 회사에서 잘려나갔다. 알고 보니 그는 인사고과가 좋지 않았다. 실력도, 서비스 정신도 없다는 평이었다고 한다. 기억을 떠올려 보니 그는 늘 이 일을 하고 싶지 않다고, 너무 싫다고 불평했었다.

그래도 나에게는 많은 걸 알려주고 친절했던 그였는데… 마음이 슬펐다. 그런데 문득 그의 모습에서 예전 그 처음 잡은 광어가 떠오르는 것이었다. 그리고 이런 생각이 뇌리를 스쳐갔다.

'어쩌면 우리의 삶도 광어와도 별반 다를 게 없을 수도 있겠구나. 꿈대로 살지 않고 이를 뒷받침할 실력조차 없으면 경기불황으로 회사 사정이 안 좋을 때 살길이 없겠구나!'

내 꿈을 찾고 계획을 세워 역량을 잘 키워놓아야겠다고 결심했던 결정적인 순간이었다.

그 후 나는 꿈을 잘 찾아야 제대로 된 역량을 펼칠 수 있을 수 있음을 깨달았다. 최소한 싫지 않은 일을 하는 꿈을 찾아야겠다고 결심했다. 설령 환경적 요인으로 직장의 생이 마감될지라도 몸부림칠 수 있는 근육을 키워놓자고 다짐했다. 내가 할 수 있는 것이 무엇이 있을지부터 찾아보기 시작했다.

그렇게 나는 꿈을 찾고 역량을 잘 키워놓아야겠다고 생각하며 내가 할 일을 찾아보았다. 그러나 고민은 무엇을 해야 할지 결심이 서질 않았다. 이것저것 알아보긴 했지만, 당시 21살이었던 내가 할 수 있는 거라곤 많지 않았다. 전문 역량이 없으니 떠오르는 건 아르바이트뿐이었다. 이왕 하는 거 많은 아르바이트를 경험해 보기로 생각했다. 내가 갈 수 있는 길에 대해서 경험을 통해 알아보기로 했다.

그 후 수많은 아르바이트에 도전했다. 편의점, 패스트푸드점, 카페, 레스토랑 등 가능한 아르바이트는 다 경험했다. 하나하나 몸소 겪으며 꿈을 찾아보았다. 이번에는 제대로 된 꿈을 찾아야 한다는 열망이 나를 쉴 틈 없이 움직였다.

그러나 꿈을 찾는 건 생각보다 쉽지 않았다. 무언가를 이렇게 적극적으로 찾아 나섰는데 꿈을 찾을 수가 없다니… 할 수 있는 일에 제약이 있었기에 그럴 수도 있었겠지만, 왠지 모를 허탈감이 밀려왔다. 내심 꿈을 찾을 수 있으리라고 확신했나 보다.

이런 허탈감은 하고 있던 아르바이트에까지 꺾인 의욕으로 표출되기 시작했다. 그래서 양해를 구하고 잠시 쉬기도 했다. 빨리 찾아지지 않으니 답답했다.

이 당시 나는 퓨전 한식 레스토랑에서 아르바이트 중이었다. 레스토랑은 갑자기 급감하는 매출로 상황이 좋지 않았다. 매출 대부분을 차지하던 김치볶음밥이 왠지 모를 이유로 판매되지 않았다. 사장님은 원인을 알기 위해 이리저리 찾아봤지만 발견할 수 없었다. 요리사가 바뀐 것도 아니고 서비스가 나빠진 것도 아니었다.

사장님은 소위 '멘붕(멘탈붕괴)'이 왔다. 직원 월급도 줘야 하고 가게세도 내야 하는데, 계속되는 매출 하락에 걱정이 가득했다. 어떻든 대책을 찾아보려고 아르바이트생까지 모두 불러 고민을 말했다.

"얘들아 정말 사장님 한 번 도와줄 수 있을까? 다 같이 한번 고민해 보면 뭔가 찾을 수 있지 않을까 싶은데… 도와줄 수 있니?"

"네, 한 번 찾아봐요."

사장님의 간곡한 요청에 아르바이트를 포함한 직원 모두는 머리를 싸매고 고민해보기로 했다. 그렇게 다 같이 찾아보니 원인을 알아냈다. 근처 레스토랑에서 신메뉴를 출시했는데 공교롭게도 김치볶음밥이었고 내가 일하는 곳보다 더 맛있다는 소문이 있었던 것이다. 마케팅을 잘해서 입소문이 났을 것이다.

우리는 개선책을 논의했다. 사장님과 직원이 함께 아이디어를 짜내었다. 결국 대책을 만들 수 있었다. 바로 최상급 재료를 공수해서 맛을 개선하고 '황제 김치볶음밥'이란 콘셉트로 마케팅을 전개해보기로 했다.

질 좋은 김치를 조달하고 김치볶음밥에 특상품의 반숙된 계란 프라이를 올리기로 했다. 나의 '질 좋은 고춧가루를 볶음밥에 넣어 색도 내고 맛도 매콤하게 만들자'는 아이디어까지 채택되어 개선된 조리법에 반영되었다.

그렇게 개선한 메뉴를 출시했고 운 좋게도 '황제'라는 콘셉트가 고객의 마음을 사로잡았는지 레스토랑의 김치볶음밥 매출이 다시 회복세를 보이기 시작했다. 사장님의 굳었던 표정도 날마다 펴지기 시작했다.

'무언가를 개선하는 것은 참 유쾌한 것이구나!'

나는 뭔가를 개선하는 일이 재미있다는 것을 알 수 있었다. 비록 꿈을 찾지는 못했지만. 그래도 단서 하나라도 찾아서 기분이 좋았다.

비록 나는 수많은 아르바이트를 했음에도 불구하고 꿈을 찾진 못했다. 그렇지만 나에 대한 한 가지는 알 수 있었다. 개선하는 것을 좋아한다는 것을. 이는 훗날 내가 취업을 준비하며 방향을 정할 때 아주 중요한 단서를 가져다주기도 했다.

꿈을 찾는 것은 그리 쉬운 일은 아니다. 그렇지만 찾기로 결심하는 순간, 그러니까 꿈을 찾아보자는 동기를 가지고 주의를 기울이면 그 단서를 찾을 수 있다. 내가 그랬듯이 말이다.

그러려면 어릴 적부터 꿈을 찾는 습성을 가져야 한다. 그리고 꿈을 찾기 위해 여러 가지 경험을 하며 단서를 잡아나가야 한다. 그러면 당신이 나아가야 할 방향을 알 수 있다. 이는 일류로 나아가는 초석이자 동시에 지름길이다. 최소한 아주 늦은 나이에 새로운 꿈을 발견해서 지금까지 투자한 시간을 전부 버리고 다시 시작하는 오류를 범하지는 않는다. 서둘러 한 살이라도 어릴 적에 꿈을 찾는 습성을 잡아보자.

보고 싶은 것만
보지 마라

여섯 살 때 나는 눈을 감고서 정말 진지하게 아무도 나를 볼 수 없다고 생각했다. 분명 나는 아무것도 볼 수 없었기 때문이다. 그러니 누가 나를 볼 수 있으랴? 완벽한 논리였다. 내가 아주 똑똑하게 느껴졌을 정도였으니. 『오류의 인문학』의 저자 캐서린 슐츠(Kathryn Schulz)도 어느 하나가 완전히 틀리면 오히려 정확하게 맞힌 느낌이 든다고 했다.

며칠 동안 나는 어떻게 하면 눈을 감은 채 부딪히지 않고 걸어서 부엌에 있는 과자 봉지 몇 개를 몰래 가져올 수 있을지를 연구했다. 정확히 말하면 엄마가 그 광경을 보고 소리를 지르기 전까지 그렇게 했다. 그 순간 나는 말 그대로 눈을 떴다.

나는 어린 시절 모든 사람은 나와 똑같을 것이라 생각했다. 그래서 내가 안 보이면 남들도 안 보일 것이라고 추론했다. 하지만 깊게 생각해보지 않았고 금세 잊어버렸다. 그러다 20대 어느 일상에서 다시 이 논리가 떠올랐다.

예전에 일본 여행을 같이 갔던 친구와 밥 약속을 잡았다. 일본은 내가 처음 해외여행을 갔던 나라다. 그래서 아직까지 머릿속에 인상 깊이 자리 잡고 있다.

우리는 당시 여행의 추억을 더듬어 보자며 일식집을 갔다. 오랜만에 먹은 일식은 여행의 기억을 불러일으킬 만큼 맛이 있었다. 말도 없을 정도로 정신없이 밥을 먹었을 즈음 친구는 그리운 표정을 지으며 내게 말했다.

"오다이바에서 봤던 레인보우 브릿지, 진짜 멋있지 않았냐? 우리나라 한강도 그렇게 좀 만들면 좋을 텐데. 하여튼 이 나라는 도대체 관광에 신경을 안 써요."

도쿄 근처 인공 섬으로 유명한 곳이다. 해변 앞바다를 보며 먹었던 빅맥과 맥주 한 캔의 기억이 떠올랐다. 그런데 '레인보우 브릿지'는 무엇이란 말인가. 기억에 없었다. 나는 오히려 그게 뭐였냐며 되물었다. 그러자 친구는 코웃음을 치며 답했다.

"레인보우 브릿지, 바보야. 밤에 유람선 타면서 지나쳤던 큰 다리 있잖아. 색깔 막 변하는…!"

친구는 내게 '아, 그거!'라는 답변을 기대했을 터. 하지만 내가 유람선을 타며 본 것은 도리어 바다에서 돌아다니는 위 선술집 형태의 배뿐이었다. 그걸 보며 저런 건 우리나라에 왜 없을까 하며 탄식했던 기억이 있었다.

전혀 기억나지 않는다는 내 대답을 들은 친구는 황당해 하며 여행의 핵심을 어떻게 기억 못하냐고 따졌다. 하지만 친구는 내가 본 선술집 배는 기억하지 못했다. 분명 내가 신기하다며 보라고 했었는데도 말이다.

우리는 서로 못 본 걸 가지고 왜 못 봤느냐며 식당에서 작은 논쟁을 벌였다. 서로의 시야가 다름을 인정하지 못한 채 자신이 본 것만 강조하며 여행을 자신만의 의미로 정의했다. 그래도 밥은 잘만 들어갔다.

밥을 먹고 나는 잠시 생각을 해봤다. 왜 별것도 아닌 것으로 논쟁을 벌였지 싶었다. 같은 상황에서 서로 다른 의견이 있을 수도 있는데 왜 나도 그리고 그도 인정을 못 했을까 궁금해졌다. 잠시 동안 생각해본 결과 내가 내린 결론은 이거였다.

'나는 다양한 관점에 대해 아직 인정하지 못하고 있나 보다.'

이런 결론이 들자 갑자기 호기심이 생겨났다. 일류인 피터 드러커도 일류로 나아가기 위해선 나에 대해 잘 알아야 하는데 이를 위해선 다양성이 필수라고 했다. 자신을 다양한 시각에서 볼 수 있어야 자신에 대해 이해 할 수 있기 때문이라고 한다.

나는 '아예 다른 사람들과 생활해보면 그런 다양성에 대한 이해도가 올라가지 않을까?' 하며 궁금해졌다. 게다가 마침 이런 급작스러운 궁금증을 해결할 창구가 있었다. 외국 친구들과 한 번 자취를 해보는 것이었다.

나는 당시 교내 교환학생 관리부서에서 몇몇 외국인 친구들과 교류 중이었고 그들이 자취할 멤버를 모은다는 것을 알게 되어 내 호기심을 해결해 보자는 식으로 자취 대열에 합류했다.

실제 우리는 많이 다르다. 인간은 각자의 생존을 위해 자신이 보는 것에 대해 알게 모르게 결론을 내리도록 설계되었다. 바꿔 말하면 자신이 경험을 통해 알게 된 것이 사실은 틀릴지라도 옳다고 생각한다는 말이다(어릴 적 눈을 감고 내가 완벽하게 사라졌다고 믿었던 나처럼). 그렇기에 다양한 시각을 이해하려면 나와 다른 사람을 그리고 그들의 생각을 몸소 겪어봐야 한다.

자취 대열에 합류한 멤버들의 국적은 다양했다. 한국 사람인 나를 포함해 인도, 태국, 네덜란드의 완벽하게 다른 나라에서 산 네 명이 모였다. 처음에는 사실 뭐가 다를까도 싶었다. 사람이 거기서 거기지 하고 생각했다. 하지만 함께 생활하며 접하게 된 친구들의 다양한 관점들은 나의 고정된 시각을 흔들었다.

어느 날 하루는 이런 일이 있었다. 같이 자취하던 인도 친구가 오늘은 요리해야 하는 날이라고 했다. 그는 유독 요리하기를 귀찮아하는 친구였는데 그날은 몸소, 요리해야 한다고 하니 궁금하지 않을 수가 없었다. 이유를 물어보니 그는 이렇게 말했다.

"한국에서 같이 유학하는 친구 아버지가 오늘 돌아가셨어. 그래서 음식 하나씩 만들어서 모이기로 했어. 오늘은 다 같이 모여서 파티를 하는 날이거든."

사람이 죽었는데 파티를 한다니. 무슨 이런 경우가 다 있나 싶었다. 같이 슬퍼해 주는 것도 부족한데. 친구가 혹시 정신이 이상해진 건가 싶었다. 그런 나의 당황한 표정을 본 친구는 웃으며 나를 그 모임에 데려갔다.

모임을 갔더니 가관이었다. 흥이 나는 음악을 틀고 음식을 맛있게 먹으며 즐기고 있었다. 어찌해야 할지 몰라 우물쭈물하는 모습을 보며 친구는 내게 이렇게 일러줬다.

"인도 첸나이에서는 누가 돌아가시면 축하 파티를 해. 우리가 잘 지내고 있음을 보여줘야 죽은 사람이 슬퍼하지 않고 잘 떠날 수 있다고 믿어서야. 한국이랑은 좀 다르지? 그러니까 슬퍼하는 모습 보이지 말고 같이 즐겨줘."

내겐 충격이었다. 직접 보지 못했으면 아마 믿지도 않았을 거다. 나는 그런 당황함을 감춘 채 어색하지만 즐기는 표정으로 장례식을 함께했다. 역시 세상은 넓다. 다름은 이뿐만이 아니었다.

한 번은 태국 친구와 함께 인터넷에서 태국 방송을 보던 중이었다. 그 프로그램에서는 왕족이 출연했는데 강아지를 안고 나왔다. 강아지를 보며 나는 농담 삼아 '살이 튼실해서 먹기 좋겠는데?'라고 했더니 태국 친구는 엄청 당황한 표정으로 쳐다보며 이렇게 말했다 (참고로 나는 보신탕조차 먹지 않는 애견 애호가다).

"그런 말 했다가는 교도소에 갈 수가 있어. 혹여 태국 여행을 가면 말조심해."

나는 무슨 말이냐며 물었더니 친구는 설명을 해줬다.

"태국에서는 애완견이라도 왕족소유면 존칭을 붙여야 해. 그렇게 말실수하면 교도소행이야. 무려 15년 형을 받는다고!"

태국에서는 왕족 애완견에게 말을 잘못하면 모독죄로 15년형을 받는다고 한다. 그래서 그는 초반 한국에 왔을 때 애완견을 보며 혹시 높은 사람 소유인가 하며 여러 번 조심스러워 했다고 한다.

이렇게 나는, 서로 다른 외국 친구들과 약 1년간 살았다. 다양한 관점을 많이 보았고 이를 이해해보려 애썼다. 차이를 인정해야 다양성을 대하는 자세가 생긴다고 생각했다. 그리고 정말 나와 다른 사람을 봤을 때 배척하기보다는 우선 그 이유를 생각해보는 사고체계가 생기기 시작했다.

어느 그룹에서 파리와 꿀벌을 어두운 병 속에 가두고, 처음에는 입구를 막았다가 나중에는 한쪽 출구를 열어주고 반대편에 빛을 주는 실험을 했다. 파리는 2분쯤 헤매다가 모두 탈출에 성공했는데 꿀벌은 끝내 탈출하지 못했다. 실험자는 꿀벌이 밝은 곳이 입구라는 고정 관념을 버리지 못했기 때문이라고 설명했다.

만약 꿀벌이 어두운 곳도 입구였던 경험을 했다면 탈출할 수 있었을 것이다. 다양성은 직접 경험해 봐야 기존의 좁은 사고체계를 넓힐 수 있다. 다른 환경에서 다양한 사람들을 만나며 경험하는 것은 일류로 나아가는 삶에 하나의 바탕이 된다.

그렇다고 외국인과 같이 살라는 것은 아니다. 해외를 굳이 나가라는 말도 아니다. 다만 서로 다른 사람이 있는 모임이 있다면 한번 '다름'이라는 것을 직접 느껴보라는 말이다. 그럼 다양성에 대해 이해 할 수 있다.

나를 알기 위해서는 다른 사람이 나와 다르다는 것을 느껴봐야 한다는 것, 일류가 되기 위해 나를 찾아가는 과정에서 얻은 또 하나 의 산물이었다.

일류로 나아가는 바탕을 쌓는 과정인 '나를 알아가기', 당신도 당신과 다른 사람들의 모임에서 다름을 발견해 보고, 자신에 대해서도 좀 더 알아가 보는 시간을 가져보는 건 어떠한가? 분명 의미 있는 경험이 될 것이다.

> "인생이란 요리와 같다. 원하는 것이 뭔지 알려면 일단 다양한 맛을 봐야 한다."
> _작자 미상

일류의 시작은
가방끈이 아닌 경험

"뭐라고 이 자식아!"

아버지가 내게 호통을 쳤다. 이렇게 화가 난 그의 모습은 살면서 처음이었다. 그 후 말이 끝나기도 무섭게, 커다란 물체가 나를 향해 날아왔다. 방금 내가 앉아있던 식탁의 원목 의자였다. 내가 피한 건지 의자가 비껴간 건지 오른쪽 귀를 스치며 지나갔다. 그리고 거실 유리창 전부가 와장창 하는 소리를 내며 산산조각이 났다.

"제가… 잘못했습니다."

나는 그 즉시 무릎을 꿇었다. 어떤 감정보다 두려움이 먼저 앞섰다. 저 의자가 나를 강타했으면 나는 어떻게 되었을까. 휴, 상상하고 싶지도 않다. 그리고 그날 나는 밖으로 뛰쳐나가 한 시간가량 밀려오는 서러움에 울음을 멈출 수 없었다.

당시는 내가 군대 대신 회사에 들어가는 소위 '병역특례'라고 불리는 것에 준비하던 시기였다. 생각보다 합격하기가 어려웠다. 나는 밥을 먹다가 언제 되는지 계속 물어보는 어머니께 짜증을 냈고 의자가 날아오는 사단이 났다. 탈도 많고 힘들었던 시절이었지만 아마 이 계기가 없었다면 지금만큼의 강한 역량은 쌓기 어려웠을 것이다.

이 사건이 있기 전 나는 군 입대를 앞두고 있었다. 우연한 기회로 군대 대신 회사에서 일하는 방법이 있다는 것을 알게 되었다. '병역특례'라고 불리는 건데 자유로운 신분에 심지어 월급까지 받는다고 한다. 더불어 사회경험도 쌓을 수 있으니 끌리는 옵션이었다.

지원방법을 찾아보니 정부에서 허가를 받은 회사에만 지원할 수 있었고 고군분투의 조사 끝에 몇몇 회사를 찾아내 이력서를 넣어보았다. 그 후 어느 IT 회사에서 면접을 보러 오라며 연락이 왔다. 드디어 기회가 왔다며 나는 기뻐했다.

사실 들어가기가 여간 쉽지 않다고 해서 이날을 위해 이력서를 지원하며 필요한 IT 지식을 꾸준히 공부하고 있었다. 게다가 난 공대로 나름 유명한 아주대 전자공학과니 이제 면접에서 내 학벌을 추가로 뽐내면 되는 것이었다. 당일 면접날은 유독 비가 많이 와서 찾아가기가 힘들었다. 그래도 반드시 붙어야지 하는 열정을 가지고 회사 안으로 들어가 가장 먼저 보이는 여비서에게 말을 걸었다.

"안녕하세요, 병역특례 면접 보러 왔는데요."

"네, 저기 일하시는 분 옆 컴퓨터 자리에 앉아서 대기해 주세요. 음료는 커피? 아니면 녹차?"

그녀는 표정 변화도 없이 안내 멘트를 읊조렸다. 그런데 왜 컴퓨터 자리에 앉으라는 걸까. 화상통화 면접…? 나는 커피를 부탁하며 일단 자리에 앉았다. 이윽고 다른 남자 직원이 내가 앉은 자리에 찾아왔다. 그리고 그는 대뜸 이렇게 말했다.

"제한 시간 40분, 지금부터 제가 드리는 종이에 적힌 주제로 코딩하면 됩니다. 홈페이지 관련된 간단한 코딩이니 걱정 말구요."

'뭐? 코딩…?!'

이렇게 자세한 면접일 줄이야. 그래도 IT 지식을 공부했으니 어떻게든 되겠지 하며 냉큼 문제를 집어 들었다. 문제를 본 순간 나는 아찔했다. 총 5개의 문제인데, 하나도 풀 수가 없는 것이었다. 그냥 묻고 답하기 같은 문제풀이면 몰라도 실제 역량을 가지고 무언가를 만드는 것이었다. 분명 공부는 했다. 하지만 막상 키보드에 손가락을 올리니 움직이는 것은 손가락이 아닌 주변 눈치를 보는 내 두 눈이었다.

식은땀이 흘렀다. 공부는 도대체 왜 한 건지 후회가 되었다. 그렇게 나는 40분이 지났다는 알람을 기다리는 망부석이 되어버렸다. 그리고 찾아온 그 직원에게 하나도 못 풀었다며 사과를 하고 마시지도 못한 커피를 들고 급히 자리를 일어섰다.

"으악!"

그 직원이 지른 외마디 비명이었다. 급히 일어서다 흘려버린 내 커피 때문이었다. 나는 너무 당황해서 '괜찮다'는 소리를 들을 때까지 90도 인사를 연거푸 하며 사과했다. 그리고 얼른 회사를 박차고 나왔다.

"으악!"

이번엔 내 비명이었다. 회사에 우산을 놔두고 나온 것이다. 하지만 다시 들어가서 가져올 엄두는 나지도 않았다. 그렇게 나는 비를 흠뻑 맞으며 걸어갔다. 그러다 이런 생각이 들었다.

'그저 공부만 한다고 되는 게 아니구나. 진짜 역량은 경험으로 쌓는 거구나. 방법을 찾아야겠다.'

서러웠지만 할 수 없었다. 그렇게 이 생각을 되뇌며 집으로 돌아갔다.

뭣도 잘 모르고 병역특례에 도전한 게 잘못이었다. 나중에 잘 알고 보니 병역특례에 도전하는 사람들은 가방끈은 짧을지라도 실력만큼 창창하다고 들었다. 진짜 역량이 있는 것이다.

그저 허울로는 역량을 증명하기가 어렵다는 것을 이 일을 통해 깨달았다. 경험이 중요함을 체감했다. 그리고 나는 실무 경험을 쌓는 방법을 찾아서 진짜 역량을 만들고 다시 도전해 보기로 결심했다.

그런데 막상 경험을 쌓는다는 건 그리 쉬운 일이 아니었다. 우선 어떤 경험을 쌓아야 하는지 모르는 것부터 문제였다. 전자공학과라는 전공을 살려 기술을 배워볼까도 했지만 내키지 않았다. 사실 내가 선택한 전공은 멋모르는 고등학생 시절에 정한 진로에 불과했다.

무엇을 해야 하는지부터 난관에 봉착하니 앞이 깜깜했고 엎친 데 덮친 격으로 집에서는 언제 들어갈 거냐며 재촉하기 시작했다. 내가 남은 시간은 그리 많지 않았다. 더 지체하면 분명 군대나 가라며 닦

달할 것이 보였다(이때 짜증을 내다 의자가 날아왔다). 그래도 내가 원해서 선택한 길인데 포기하고 싶진 않았다.

그러던 어느 날 『맥킨지식 사고와 기술』이라는 책의 한 페이지에서 이런 문구를 발견했다.

'제로베이스에서 시작하라.'

고민에 고민이 거듭되었던 상황을 타개할 실낱같은 메시지로 느껴졌다. 그 즉시 나는 모든 걸 내려놓고 머리를 비웠다. 전공, 현실, 시간적 제약 등의 모든 조건을 내려놓고 본연의 나 자신을 기초로 다시 생각해 보는 시간을 가졌다. 그러다 보니 내면에서 이런 소리가 들려왔다.

'원하는 대로 해라.'

나는 다시 생각했다. 도대체 내가 원하는 것이 무엇인지 떠올려 보았다. 나는 예전부터 뭔가를 만들고 개선하는, 그러니까 창의적인 일을 좋아했다. 그 관점으로 현실을 더했다. 그 당시 병역특례는 IT 업계나 공장 생산직에 밖에 지원할 수 없는 현실적 한계가 존재했기에 IT에서 내가 좋아하는 일을 할 수 있는 직무를 찾아보았다(사실 공장 생산직에는 가고 싶지 않았다).

그렇게 발견한 직무는 웹 기획자였다. 흔히 말하는 홈페이지를 만드는 것을 하는 일인데, 자세히 조사해보니 내가 하고 싶어 하는 일, 그러니까 뭔가를 만들고 개선하는 것의 콘셉트와 어느 정도 부합했다. 나는 이 업무를 할 수 있으려면 무엇을 배워야 하고 어떤 경험을 쌓아야 할지 조사해보기 시작했다. 먼저 디자인을 할 수 있어야 했고 간단한 프로그래밍까지 가능해야 했다. 그래서 필요로 하는 역량을 쌓기 위해 무작정 컴퓨터 학원을 등록해 버렸다.

그런데 내가 등록한 과정이 남들이 보통 1년을 계획하고 다녀야 끝나는 것이라고 했다. 나에겐 남은 시간이 없었다. 내가 하고 싶고 원했던 일이었다. 주변에 떠벌리고 다닌 나의 책임감도 있었다. 이런 것들이 나를 굳세게 움직였다. 그리고 나는 남들이 보고 '끔찍하다' 라는 시간표를 세우고 아침 9시부터 저녁 9시까지 '월화수목금토일' 을 학원에서 살며 필요한 과정을 배워나갔다.

나는 남들이 1년 걸리는 과정을 무려 3개월 만에 끝내버렸다. 짧은 기간 안에 소화하기 위해 열심히 머리를 굴리며 계획을 짠 덕택이었다. 역량을 쌓아가니 도중에 실무 관련 아르바이트도 구할 수 있었고 결국 병역특례 회사에 실격을 인정받고 들어갈 수 있었다. 그리고 강한 실무역량을 쌓을 수 있었다. 더불어 나를 개선해나가며 뿌듯함을 느낄 수 있었다.

나는 회사에서도 인정받는 실력자가 되었다. 진짜 역량을 쌓는 법은 숱한 경험에서 비롯됨을 미리 깨달았던 결과에서였다. 실력을 쌓기 위해 회사에 혼자 남아 열심히 연습했다. 많은 경험을 하니 역량은 자연스레 쌓이게 되었다.

살면서 우리는 많은 도전의 벽 앞에 놓이게 될 것이다. 그곳에서 우리는 늘, 역량 수준에 대해 평가를 받는다. 이는 간단한 시험부터 수능, 취업, 승진 등 여러 가지가 될 수 있다.

하지만 그때마다 경험을 통해 만들어진 역량이 있다면 순간마다 원활하게 나아갈 수 있다. 많이 경험하자. 그리고 진짜 역량을 쌓자. 앞으로는 경험이 배움을 대체하는 시대가 될 것이다. 이미 그렇게 변하고 있다. 배움을 실천할 경험을 쌓고 진짜 역량을 가지는 것. 이는 일류로 나아가기 위해 내가 발견한 한 가지 방법이었다.

한 번쯤은
주인이 돼보라

"매사에 주인 의식을 가지고 업무에 임한다면 성과가 납니다."

수많은 리더가 이 말을 달고 산다. 주인의식을 가지면 성과가 나는 것은 사실이다. 책임을 지기 때문이다. 내 것이라고 생각하니 몰입도가 올라간다. 그래서 나는 매사에 주인의식을 가지고 업무에 임한다.

그런데 이런 주인 의식은 생각보다 가지기가 쉽지 않다. 가지라는 말로만 들어서는 효과가 약하기 때문이다. 정말 내 것이 아니니 내 것처럼 임하기 어렵다는 의미다. 진짜 주인이 되어보기까지는…

길고 긴 몇 년간의 군 복무가 끝났다. 군 복무 동안 나는 해외 소프트웨어를 국내에서 파는 회사에서 일했었다. 몇 년간의 사회경험을 통해 역량이 향상된 자신에게 뿌듯했다.

그러나 기쁨은 그리 오래가지 않았다. 2009년 대한민국을 거세게 흔들었던 미국발 금융 위기가 찾아왔기 때문이다. 주식을 많이 가지고 있던 부모님은 이 때문에 큰 손해를 입었다. 끔찍한 주가 폭락으로 인한 압박을 못 이기고, 최저가에 주식을 팔아서 몇억을 손해 봤다.

집안 사정은 어려워지기 시작했다. 설상가상으로 부모님 간 불화까지 생겼다. 병역특례 생활을 하며 모은 내 돈까지 주식으로 날아갔다.

'신이여, 왜 제게 이렇게 시련을 내리십니까.'

신을 찾아 하소연하고 싶었다. 하지만 불평할 여유도 없었다. 더 이상 손해를 안 입도록 조치하는 것부터 아버지와 어머니의 관계회복까지 할 게 많았다.

그러던 어느 날, 한 통의 전화가 걸려왔다. 병역특례 동안 다니던 회사 거래처의 과장님이었다. 오랜만에 안부를 물으며 그는 내게 질문을 하나 했다.

"이번에 소프트웨어 납기 건이 하나 있는데 국내에 수급이 안 되네. 네가 어떻게 좀 도와줄 수 없을까?"

그의 부탁은 내가 다녔던 회사에서 수입하던 소프트웨어를 국내에 들여와 줄 수 없냐는 것이었다. 내가 예전 다닌 회사가 금융 발 때문에 망했다는 것이다. 당시 외국에서 투자를 받았다고 좋아했던 사장님의 얼굴이 기억났는데. 망했다니… (미국발 금융위기가 여럿 죽였다)

아무튼 이 때문에 국내로 제품을 들여오는데 문제가 생겼다는 것이다(내가 다녔던 회사만 국내 유통권을 가지고 있었다). 그는 내게, 큰 건이니 자신을 도와주면 마진을 많이 챙겨주겠다고 귀띔했다. 하지만 수입하는 데만 몇천만 원이 들었고 도중에 고객사 사정으로 납기가 무산될 수 있는 위험성이 있었다.

무엇보다 이런 비용을 내 명의의 회사까지 차려서 처리해야 했고, 특히 미국에 있는 소프트웨어 공급사가 한국 유통을 허락할지 의문이었다. 도중에 틀어지면 답이 없는 상황이었다.

주변에서는 내게 절대 하지 말라고 그랬다. 사업은 아무나 하는 게 아니라고 했다. 하지만 잘되면 한탕에 이천만 원을 벌 수 있는 매력적인 건수였다(집도 어려워서 구미가 당겼다). 특히 내가 날린 돈이라도 메꿀 수 있었기에 나는 고민 끝에 맡아보기로 했다.

이 결심은 내가 져본 최초의 책임이었다. 위험성이 있어 걱정됐지만 모든 게 잘 풀릴 수 있을 거라는 기분 좋은 생각을 가져보며 내심 두근거리기도 했다. 지금 생각해보면 어떻게 그런 '깡'이 튀어나와 결정을 했는지 모르겠다. 그러나 이 책임이란 것은 생각보다 많이 무거웠다.

이 일을 하려고 검토해보니 우선, 같이할 사람이 필요했다. 처음부터 끝까지 혼자 할 수 없는 건이라는 판단에서였다. 그래서 50대 50의 수익분배 조건을 걸고 예전 같이 일하던 차장님을 영입했다.

회사는 내 명의로 만들고 소프트웨어를 수입할 돈은 대출로 마련했다. 24살이라는 나이에 몇천만 원을 대출받으니 부담이 컸다. 책임의 무게가 더해졌고, 그르치면 안 된다는 생각이 나를 사로잡았다.

난관은 미국 회사에서 소프트웨어를 공급받는 단계부터 시작됐다. 공급사에서 제품을 안 주겠다는 것이었다. 부도난 예전 회사가 공급사에 갚지 못한 높은 채무 이력 탓에 한국 시장과의 거래를 쉬

쉬하는 것이었다. 이를 해결하려고 미국까지 가서 설득하고 며칠 밤을 새워가며 협상을 진행했다. 안 된다는 걸 해결하려고 부사장까지 만났고 결국 이번 한 번만 받기로 협상에 성공했다.

이런 일도 있었다. 내게 납기 요청한 거래처 과장님이 며칠 동안 연락이 안 되는 것이었다. 혹시 주문이 취소된 건 아닌지. 그럼 회사를 그만두고 여기로 영입한 차장님에겐 뭐라고 얘기해야 할지. 그리고 내 돈은…! 어렵게 설득해서 제품을 샀는데 다시 반품해 달라면 쉽게 돌려받을 수 있을까. 며칠 후 그 과장님과 통화가 됐는데 정말 우려했던 일이 벌어질 뻔했었다. 갑자기 상부에서 구매 진행이 보류됐었고 다행히도 재개한다고 전해 들었다. 가슴을 쓸어내렸다.

주인으로 일한다는 건 정신적으로도 쉽지 않았다. 하루는 드라마에서 동업자가 회사 명의로 대출을 받고 도주하는 장면을 봤다. 나 또한 이런 일이 일어나지 않을까 두렵기도 했다. 만일 몇억을 대출받고 도망간다면? 아… 생각하고 싶지도 않았다. 마음이 무거웠다. 온전히 책임을 진다는 것은 결코 쉬운 것이 아니었다. 남의 회사에서 돈 받고 일하는 게 더 편한 것이구나 싶었다.

그래도 결국 나는, 이 건을 잘 성사시켰다. 몇 주를 잠도 못 자고 꿈에서도 생각하며 노력한 결과 통장에 이천만 원이라는 금액이 찍혔다. 주인의 자세로 일하니 책임감이 커져 몰입도가 높아졌고 성과를 냈다. 더불어 집안 사정을 도우려는 이런 내가 기특했는지, 부모님 간의 불화도 풀렸다.

나는 그렇게 주인의 입장으로 임해보니 많은 것을 느꼈다. 책임감,

다른 말로 주인의식이라고도 불리는 이 단어의 진정한 의미를 몸소 체감할 수 있었다. 직접 경험해 보니 말로 듣는 수준과는 전혀 다른 존재의 것이었다. 무엇보다 생존이 걸렸으니 엄청난 주인의식을 발휘했다. 단시간에 가장 높은 성과가 나왔다.

"주인의식은 주인 돼야 나오죠."

한식 프렌차이즈 '놀부'의 오진권 대표가 어느 인터뷰에서 한 말이다. 놀부는 독특한 방법으로 직원들에게 주인의식을 고취하는 것으로 유명하다. 일명 '330 프로젝트'를 가동 중인데 3년 안에 30명의 직원을 사장으로 만드는 것이 목표다.

2014년 3월 말 오 대표는 사당역 앞에서 잘나가는 놀부의 직영점 '마리스꼬'를 정리했다. 그리고 그곳에서 근무했던 직원을 사장으로 만들었다. 오 대표가 직접 경영하는 직영점을 직원들에게 헐값에 인수할 수 있게 기회를 주고 사장으로 만드는 것이다.

'사월에 보리밥' 사당점이나 신촌 '이찌멘', '사월에 주꾸미' 4·19지점, 동부이촌동 '더 맛있는 밥집'의 놀부 직영점 모두 직원들이 사장이 된 곳이다. 직접 인수해 사장이 되는 경우 외에도 오 대표는 직원들의 돈을 회사에 투자하게 해 이익 배당을 한다. 적은 금액이지만 투자한 투자자, '진짜 주인'이 되게 하는 것이다.

"아무리 주인의식이나 사명감을 가진다 해도 진짜 주인이 아닌데 어떻게 주인의식을 갖습니까. 직영점 투자제도를 통해 직원들이 천만 원, 이천만 원씩 회사에 투자하면 8일에는 월급 받고 15일에는 이익 배당을 받아요. 진짜 주인이 되는 거죠. 그러면 상추 한 장, 쌀 한 톨 씻는 것도 달라집니다. 놀부 때부터 해온 이 제도가 우리 회사의 큰 힘이에요."

이와 같은 오 대표의 경영 방식이 직원들에게 통해서였을까. 이 회사에서는 20년쯤 돼야 '오래 있었다.'는 말을 듣는다. 그리고 오늘도 계속 성장하고 우리나라를 대표하는 한식 상표로 자리 잡고 있다.

마음가짐을 어떻게 가지느냐에 따라 모든 상황이 바뀔 수가 있다. 책임감을 갖고 마음을 바로 잡아 주인의식을 발휘하면 삶이 바뀐다. 이를 위해서는 무엇이든 간에 자기 것을 한 번 해보는 것이 최고다.

그렇다고 창업을 하라는 건 아니다. 한 번 주인의 입장으로 경험을 쌓아보길 바라는 것이다. 옥션이나 G마켓에서 소규모로 물건을 팔아보든 대학교 축제에서 주점을 해보든 아니면 정말로 젊은 나이에 창업을 해보든 방법은 수없이 많다.

온전히 자신이 주도적으로 할 수 있는 무언가를 경험해 보길 바란다. 그럼 책임감의 무게를, 그리고 이를 기반으로 흘러나오는 주인의식으로 창출하는 높은 성과를 깨달을 수 있다. 직접 결정을 내리고 그 일련의 모든 과정을 책임져 보는 경험을 하는 것. 일류로 나아가기 위한 중요한 경험 중 하나다. 언젠가는 반드시 할 경험이기도 하다. 그럼 어떤 일을 하던 책임감 있는 자세로 주도적으로 임할 수 있을 것이다. 일류로 나아가기 위해 찾아낸 또 한 가지 산물, 그건 바로 책임감이다.

떠나지 않았더라면
알 수 없는 일

얼마 전 내 강연을 들은 학생이 이렇게 질문했다.

"작가님, 꿈을 찾는 건 너무 어려운 것 같아요. 제가 머리가 나쁜 건지 아이디어가 안 떠올라요. 어떤 일을 해야 할지 감이 잘 안 와요. 어떤 일에 도전해볼까 생각해도 그 길이 맞는지도 모르겠어요."

많은 이들이 자신의 꿈을 찾지 않고 취업에 도전하는 반면에 그는 진심으로 자신의 길을 고민하고 있었다. 나는 그 학생에게 조언했다.

"그럼 해외여행을 떠나보는 건 어때요? 꿈을 찾아 떠난다는 콘셉트를 가지고 말이에요. 저도 이 방법으로 아이디어를 얻었거든요."

예전 나는 해외여행을 좋아하지 않았다. 손가락을 '브이 자' 형태로 만들고 사진 찍히러 전투적으로 돌아다니는 것이 싫었다. 당시 내가 생각하던 해외여행의 인상이었다. 주변 사람들은 다 그렇게 여행을 즐겼다. 사진 찍으러 가는 것이 목적인 여행, 도무지 떠나야 하는 이유를 알 수 없었다. 그 나라에 눌러앉아 체험하는 교환학생을 가고 싶기도 했지만 여건이 허락되지 않았다. 돈도 부족했고 전공 커리큘럼과도 맞지 않아 지원할 곳이 없었다.

그래서 나는 국내 여행을 많이 했다. 사진을 찍어야 한다는 부담 감도 없고 맛있는 음식을 먹을 수 있다는 목적도 있어 좋았다. 그날 도 친구와 맛집 여행을 계획 중이었다. 이번엔 여수로 떠나보기로 했 다. 서울에서는 좀처럼 먹어보기 어려운 팔뚝만 한 삼치와 사람 머 리만 한 병어를 횟감으로 먹을 수 있어서다(서울에서는 조림이나 구이 밖 에 없다). 그렇게 인터넷 서핑 도중, 갑자기 친구가 흥분된 목소리로 말했다.

"야, 이거 봐봐."

어느 블로거의 일본 여행기였다. '자우오'라고 불리는 도쿄의 어느 식당이었다. 식당 안에 커다란 나무배 두 척이 물에 떠다녔다. 물고 기들이 헤엄쳐 다니고 있었고 손님들은 배 위 좌석에 앉아 낚시를 해먹는 곳이었다.

"아…! 정말, 생각치도 못한 건데?!"

해외여행의 새로운 면을 발견해서 그런지, 속으로 외친 줄 알았던 탄성이 입 밖으로 나왔다. 저렇게 경험해보지 못한 사업을 보러 해 외여행을 가면 즐거울 것 같았다. 하지만 주변 지인들은 전투적인 사진모델 성향이었기에 이내 포기했다. 그러나 새로운 것을 향해 떠 나는 매력은 나를 부추겼다.

그러던 차, 작가 김수영의 『멈추지 마, 다시 꿈부터 써봐』라는 책을 읽게 되었다. 그녀는 자신의 꿈을 이루기 위해 버킷리스트를 만들어 7년간 70여 개국에서 46가지의 꿈을 이뤄냈다.

'꿈을 찾는다, 그리고 꿈을 이룬다라…'

그녀가 경험한 여행기를 읽으며 우리나라를 벗어나 새로운 것을 보고 시야를 넓히며 내 꿈을 찾아보면 어떨까 싶었다. 그리고 나는 조심스레 여수 여행을 계획하던 친구에게 의향을 물었다. 그러자 친구는 또다시 흥분된 목소리로 말했다.

"나도 새로운 걸 보고 싶었는데! 갈 사람이 없어서 못 갔다고."

친구가 일전 '자우오'를 보여주면서 흥분하며 내게 말했던 건 그도 나와 같이 새로운 여행에 대한 생각을 가지고 있어서였다. 마침 모아놓은 용돈도 있었다. 기회였다. 꿈을 찾자는 콘셉트로 떠나보자는 목표를 가지고 나와 내 친구는 일본행 티켓을 끊었다.

원래 나에게 해외로 떠난다는 건 매력적인 여정이 아니었었다. 별 목적 없이 사진만 찍고 오는 고된 일이라고 생각했다. 하지만 친구가 우연히 보여준 일본 여행 블로그와 꿈을 찾아 여행을 떠나는 그녀의 책이 나의 관점을 바꿔주었다. 그래서 해외 여러 곳에 꿈을 찾아 떠나 보기로 결심했다. 비용은 꿈을 찾기 위해 투자하는 것으로 여겼다. 그리고 그 결심은 결코 나쁜 것이 아니었음을 실감했다.

일본에서는 곧바로 블로그에서 봤던 배낚시 식당으로 향했다. 실제로 보니 그 체감은 배가 되었다. 이런 걸 '푸드테인먼트(푸드와 엔터테인먼트의 합성어)'라고 한다. 인공 섬 오다이바의 '오오에도 온천'도 인상적이었다. 실내외 광활한 욕탕과 술집, 공연장이 하나로 결합한 멀티플렉

스를 보며 우리나라 찜질방도 저렇게 바꿔보면 잘되지 않을까 싶었다.

특히 도심의 건물 사이사이를 관통하는 '돌핀 롤러코스터'는 비즈니스 속에 엔터테인먼트 요소를 넣은 부분이 정말 인상적이었다. 우리나라에선 한 번도 본적도 생각도 못 했던 발상을 실물로 보니 머릿속이 유쾌해졌다. 나중에 기획자로 일하면 어떨까 하는 꿈도 꿔봤다.

일본 여행 후 유럽으로 떠났다. 이번에는 문화 산업을 보고 싶었다. 특히 포르투갈이 뛰어나다고 들어, 그 나라 환경을 보러 갔다.

포르투갈은 기대 이상으로 놀라웠다. 1,700년대에 지어진 리스본의 '아쿠아스 리브레스 수로'를 기점으로 부활절 계란처럼 화려한 색이 일괄적으로 칠해지고 빨간색 타일로 장식한 지붕들이 보였다. 그 뒤로는 타호 강이 대서양으로 흐르고 미국의 금문교와 색과 모양이 똑같은, 세계에서 손꼽을 정도로 긴 다리를 건너며 마치 중세시대에 온 것 같은 경치를 감상했다.

'감사합니다, 부탁드립니다, 다시 말해주세요' 등의 단어만 익히고 새로운 관광환경을 보기 위해 돌아다녔다. 도로부터 주변 건물까지 중세시대의 모습을 그대로 간직한 이 나라, 문화 보존이 잘 되어있었다. 우리나라와는 너무나도 다른 광경이었다. 이래서 문화산업이 잘 되는구나 하고 체감할 수 있었다.

이외에도 인도, 스페인, 말레이시아, 필리핀, 대만, 태국 그리고 중국 등 각자 목적을 가지고 해외로 떠나며 내 꿈을 찾아 나섰다. 그리고 나는 150여 개의 사업을 보며 우리나라와 외국의 차이를 경험했고 이런 부분은 이렇게 개선하면 좋겠다는 생각을 가졌다. 이러한 생각은 경영환경을 개선하는 컨설팅 회사에서의 내 첫 커리어까지 영향을 주었다.

최초의 여성 우주인인 아누셰흐 안사리(Anousheh Ansari)는 2006년 우주여행 지원자를 선발했을 때 주저하지 않고 지원해 선정될 수 있었다. 평소 별을 보는 것을 좋아 했었고 그 때문에 다양한 지역을 돌아다니며 우주에 대한 그녀의 시야를 넓히고 꿈을 키워왔다. 여행을 마치고 돌아온 그녀는 이렇게 말했다.

"우주에 있다는 것 자체가 너무 행복했어요. 제가 키워온 꿈이었거든요. 만약 선택할 수만 있었다면, 아마 더 오래도록 머물렀을 것 같아요."

당신이 속한 영역은 생각보다 많이 작다. 이 작은 영역에서만 있으면 그저 그만큼 밖에 보이지 않는다. 세계적인 일류들은 자신이 속한 틀에서 벗어나 광활한 세계를 경험했다. 지금 속한 세상이 만들어낸 규정과 법칙이 전부라고 생각하지 말라.

우물 속 개구리에게 바다에 대해 아무리 설명해 줘도 제대로 이해하지 못한다. 한여름만 살다가는 매미에게 겨울을 설명하는 것과 다름없다. 한 걸음만 밖으로 나가도 새로운 광경을 볼 수 있다. 이는 당신의 영혼을 자극시킨다. 단, '꿈을 찾자'와 같은 명확한 목적을 세우길 바란다.

넓게 생각하려면 넓은 세상을 봐야 한다. 일탈이 가져다주는 새로운 것들이 삶의 묘미를 더해줄 것이다. 시야를 넓히고 그 광활함에서 속에서 당신의 꿈을 찾아보자.

일류로 나아갈
빅 픽처를 그려라

'보인다. 드디어…!'

멀리 있어 보이지 않던 그것이 점점 나를 향해 다가오고 있다. 조금만 더 오면 이제 곧 보일 터다. 초조하지만 여유를 가지고 기다린다.

'뭐지 저건…?'

가까이 다가오고는 있으나 안 보인다. 정확히 말하면 보일 듯 말 듯하다. 무언가 뿌옇게 앞을 가리고 있다. 형체는 느껴졌지만 데 잘 알 수가 없다. 그러다가 다시금 멀어져만 간다.

'아… 이런!'

꿈에서 깼다. 예전에 이런 꿈을 꿨다. 내가 가야 할 길이 보일 듯 말 듯한 꿈이다. 신경 쓰고 있어서 그런지 이런 종종 꿨다.

시간이 많이 흘렀다. 일류가 되자며 시작한 나를 알아가는 여정도 몇 년 째다. 취업도 다가오고 있다. 하지만 해답은 아직도 보이지 않았다.

'어서 빨리 찾아야 하는데…'

댄서를 포기하고 진정한 꿈을 찾기 위해 열심히 달려왔는데 아직도 찾을 수 없다니. 부담이 느껴졌다. 초조한 기분이 들기 시작했다. 이번에는 제대로 된 꿈을 찾아야 하는데. 하지만 마음과는 달리 잘 풀리지 않았다. 나아가야 할 길을 찾기 위해 이런저런 조사도 했지만 '이거다!' 싶은 건, 보이지 않았다. 결국 주변 사람들의 조언을 들어보기로 했다. 마침 학과 수업을 듣는 친한 친구가 보여 그에게 물어봤다.

"내가 요즘 내가 갈 길을 찾다가 몇 가지 후보를 추렸는데, 한 번 들어볼래?"

"그래? 얘기해봐."

"나 말이지, 뭔가 글로벌한 일을 하는 건 어떨까? 예를 들어 해외 영업을 한다든지 말이야."

친구는 시큰둥한 말투로 답했다.

"뭐, 네가 하고 싶다면 괜찮기는 한데…. 유학파들과 경쟁하는 건 알지? 외국에도 안 나갔다 왔는데, 그런 쟁쟁한 이들과 겨룰 수 있겠어?"

의미 있는 조언을 기대했던 내가 바보였다. 친구는 '하고 싶은 걸 어떻게 하면서 살아가느냐'며 내게 쏘아붙였다. 마음이 쓰라렸다. '넌 얼마나 잘한다고 그러냐? 그냥 물어본 건데!'라는 말이 목구멍까지 나오려 했지만 꾹꾹 눌러 담았다. '이게 좋은 것 같은데?, 이건 어떨까?' 같은 친구의 대답을 기대했기에, 실망감이 더 컸다. '나보다 나, 자신에 대해 얼마나 더 잘 안다고…'

그런데 그 순간, 하나의 질문이 내 머릿속을 흔들었다.

'나는 나에 대해 정말 알고 있는가? 내가 할 줄 아는 건 뭐지? 내가 잘하는 게 뭐가 있을까? 내가 좋아하는 건 뭘까?'

충격이었다. 어떤 것에도 선뜻 답을 할 수가 없었기 때문이다. 어쩜, 나조차 나에 대해 잘 알지 못하면서 친구에게 내 성향을 맞춰보라는 식으로 물어봤을까. 양 볼이 달아올랐다. 물어본 내가 부끄러웠다.

이를 계기로 나는 내 성향에 대해 파악하고 지금까지 나를 알기 위해 경험한 걸 정리해보기 시작했다. 도대체 나는 어떤 사람인가 고민했다. 며칠 동안 세 개의 질문에 대해 답을 찾아보았다. 그리고 문득 깨달았다. 나는 '아무것도 없는 상태에서 새로운 무언가를 만들고 개선하는 것을 좋아한다는 것'을 말이다. 이러기 위해선 넓은 시각도 필요했고 개선할 수 있는 능력도 필요했다. 다양한 사람들과의 협업을 위한 다양성을 포용하는 자세 또한 마찬가지였다.

예전 레스토랑 아르바이트 도중 매출이 부진했던 김치볶음밥 조리법을 개선하며 무언가를 발전시켰던 기억이 한몫했다. 군대 대신 회사에서 일하는 병역특례를 준비하며 강한 역량을 쌓기 위해서는 무언가에 밀착해서 직접 경험해야 한다는 것 또한 그랬다. 나와 다른 사람을 만나고 내가 모르는 세계를 경험했던 기억, 이 또한 내가 새로운 것과 다양한 것에 호기심이 많은 성격이라는 것을 파악할 때

도움이 되었다. 나를 찾아 떠났던 일련의 경험들은 헛된 일이 아니었다. 어렴풋이 느끼고 있었던 나의 성향, 꿈에서 보일 듯 말 듯했던 것이 바로 이것이었다.

그동안의 나는 무작정 꿈만 찾으려고만 했다. 나에 대해 제대로 정리되지도 않은 채 말이다. 성향이 정리되니 그간 쌓은 경험이란 퍼즐이 맞춰졌다. 나는 여태까지의 경험과 명확히 파악한 나의 성향을 바탕으로 나만의 일류로 나아가기 위한 장기간의 진로, 즉 '빅 픽처'를 그려보기로 했다.

하지만 이 또한 그리 쉬운 일은 아니었다. 딱히 떠오르지가 않았다. 또다시 잘못된 꿈을 찾을까봐 불안감을 느끼기도 했다. 그러다 우연한 기회로 친한 동생의 조언이 내게 영감을 주었다.

스트레스받는 나의 모습이 안타까워 보였는지, 당시 나와 같이 학교 근처에서 자취를 하던 친한 동생은 갑자기 맥주를 한잔하자고 권했다. 뜬금없이 맥주를 마시자니, 의아하긴 했지만 그때 마신 맥주 덕분에 꿈에 대한 단서를 찾을 수 있었다. 그에게 감사할 따름이다. 당시 도요타의 생산관리 모델에 심취했던 그의 말은 아직도 내 기억에 또렷이 남아있다.

"문제를 발견하는 것이 어렵지, 문제만 발견하면 그다음은 간단하다. 도요타 전 부사장이었던 오노가 한 말을 읽고 감동했어요. '왜'를 다섯 번만 외치면 어떤 문제라도 원인을 발견할 수 있다고 하더라고요. 참 기본에 충실한 혁신 방법인 듯해요."

그의 말을 듣고 나는 빅 픽처에 대한 단서를 찾았다. 마시던 맥주를 내려놓고 떠오른 생각을 써보며 다음의 방법을 발견했다.

'내 삶의 최종 목표인 꿈을 찾고, 그 꿈을 이루려면 사전에 무엇을 해야 할지 거꾸로 찾아보기. 당장 해야 할 일이 보일 때까지.'

도요타의 '왜' 기법을 활용해서 고안한 꿈 찾기 방법이었다. 그렇게 나의 최종 꿈을 떠올리고 거기서부터 '왜'라고 물으며 찾아보았다. 나의 최종 꿈은 100세 시대 평생커리어를 만들기 위해 자기계발 서비스를 무상으로 제공하는 사회적 재단을 만들고 싶었고 그렇게 '사업가'라는 중간 꿈을 찾을 수 있었다. 그다음에는 이런 질문을 던졌다.

'중간 꿈을 이루기 위해서 되어야 할 모습은 무엇일까?'

이와 같은 연속적인 질문을 가지고 내 꿈을 그려나갔고 결국 '짧은 기간 내에 적극적으로 지식과 네트워크를 쌓을 수 있는 일을 하자'는 결론을 얻었다. 그리고 이렇게 찾아낸 꿈길과 나의 성향을 찾아 내가 나아가야 할 첫 번째 모습을 찾아낼 수 있었다.

그렇게 나는 진짜 꿈을 찾았다. 상당히 오랜 시간이 걸렸지만 예전 '그저 잘해 보인다는 원 킥'으로 부터 결정한 잘못된 꿈과는 달리 나에 대해 주도적으로 알아가는 것을 통해 고민의 고민을 더 해 찾아낸 꿈은 진짜였다.

당신이 가야 할 길은 어디인가? 무엇을 위해 인생을 바칠 수 있는가? 만족하는 삶과 성공적인 결과를 이뤄내려면 당신만의 답이 있어야 할 것이다. 그럴 때 목표는 그저 계단 하나를 오르는 것만큼

가볍다. 이렇게 꿈을 기반으로 찾아낸 '하고 싶은 일'은 당신에게 강력한 동기를 선사할 것이다. 당신을 삶의 쾌락주의자로 만들 것이다. 어서 간절히 이루고 싶은 꿈부터 찾아서 인생의 '빅 픽처'를 설계하고 일류로 나아가자.

당신이 하고 싶은 것과 되고 싶은 모습, 그것을 그려라. 꿈과 이를 이룰 계획에는 비범한 재능, 힘, 마력이 담겨있다. 지금 바로 당신의 빅 픽처를 그리길 바란다.

> "우리는 자신의 힘으로 알 수 있고, 앎으로써 이해할 수 있으며, 이해함으로써 현명한 선택을 할 수 있다."
>
> _에드워드 윌슨(Edward Osborne Wilson) 『인간 본성에 대하여(On Human Nature)』
> 와 『개미(The Ants)』로 퓰리처상을 두 번 수상한 과학자

무심코 발견한 일류로 나아가는 법칙

네이버에서 '법칙'이라는 키워드로 검색하면 여러 가지 법칙이 소개된다. '하인리히의 법칙, 머피의 법칙, 옥타브법칙, 아보가드로의 법칙, 파레토 법칙, 코사인법칙, 사인법칙, 가우스 법칙, 뉴턴의 법칙, 지수법칙, 패러데이 법칙, 도시의 법칙, 과학 법칙, 로또 법칙, 운동법칙, 물리법칙, 자연의 법칙, 경제 법칙' 등 셀 수도 없이 쏟아져 나온다.

그런데 법칙은 어떻게 만들어졌을까? 법칙은 어느 누군가가 골똘히 생각하다 무심코 떠오른 깨달음을 기초로 공식화하는 등의 방법으로 정리해 놓으며 만들어진다. 나 또한 거창하진 않지만 일류로 나아가는 방법을 고민하다가 하나의 법칙을 만들었고 내 삶에서 지금까지 잘 써왔다.

우연한 기회로 미국의 유명한 동기부여가 나폴레온 힐(Napoleon

Hill)이 쓴 『나의 꿈 나의 인생』이란 책을 접하게 되었다. 꿈을 찾고 원하는 바를 이룬다는 나의 생각과 같아서 서점에서 봤을 때 냉큼 집었다. 내용이 진부할 것이라 생각은 했다. 역시나 책에서는, '열심히 하라, 긍정적인 사고를 하라'는 예상했던 말들이 언급되었다.

'그러면 그렇지. 이런 유의 자기계발서는 뭐 뻔한 거 아니겠어. 그래도 좋은 이야기 들은 셈치고 만족해야지.'

이렇게 생각하며 몇 페이지를 더 넘기는 순간 나는 이런 문구를 발견했다.

'무엇을 원하는지 알면 그것을 가질 수 있다.'

문득 꿈을 한 번 버리고 대학부터 지금까지 지나쳐온 시간들이 주마등처럼 스쳐 갔다. 여태까지 꿈을 찾기 위해서 한 걸음씩 시도하고 성취했던 이유는 전부 내가 원했던 것부터 시작했기 때문이었다. 1차적으로 원했고 2차적으로 어떻게 달성할지 면밀히 계획하고 실행했던 것이었다. 알게 모르게 말이다.

그때부터 나는 이 간단하고도 여태까지 깨닫지 못한 이 과정에는 필히 공통적인 현상이 있었을 것이라고 확신 후 내가 깨닫고 성취했던 일련의 사건들을 늘어놓아 보았다. 그러자 그 각각의 항목들에서 공통적인 법칙 같은 것이 보였다.

먼저 꿈을 찾기 위해 걸어오며 성취했던 것들의 시작은 내가 그것을 하고자 하는 의지부터 시작했다. 즉, 간절히 원하는 것을 찾았던 것이다. 그리고 나선 원하는 것에 도달하기 위해서 내가 무엇이 부족하고 달성하기 위해서는 무엇을 해야 하는지 알아보았다. 목표에 도달하기 위해 나의 현재 위치를 알아차리는 것에 노력했다.

목표를 잡고 나를 파악한 다음에는, 이를 이루기 위한 계획을 세우고 실행했다. 부족한 부분을 학습했고, 목표를 어떻게 하면 더 효율적으로 빠르게 달성할 수 있을지 생각했다. 주변 사람들에게 내가 이 목표 달성을 계획하고 있다는 것을 표현하며 기대하게 만들었고, 그 기대에 부응하기 위해서라도 꿋꿋이 실행했다. 목표를 달성할 때까지 말이다.

왠지 모를 설렘과 미미한 숨소리처럼 조용히 올라오는 환희는 내가 발견한 관점을 가지고 이런 책들에 대해 좀 더 연구해 보라고 나를 부추겼다. 그리고 나는 미국 성공학 거장 클로드 브리스톨(Claude M. Bristol)의 저서 『신념의 마력』, 영국의 유명한 형이상학자 네빌 고다드의 저서 『긍정적인 사고의 힘』과 같은 목표를 이루는 방법을 다룬 책들을 추가로 발견했고 자세히 살펴보기 시작했다.

한때 우리나라에도 이런 책들이 유행한 적이 있다. 호주의 전직 TV 프로듀서이자 성공학 작가인 론다 번(Rhonda Byrne) 이 써낸 『시크릿』이라는 저서다. 수 세기 동안 소수의 사람만이 알고 있었던 '성공의 비밀'을 돈, 인간관계, 건강, 세상, 당신, 인생 등의 분야로 나누어 알려준다는 콘셉트로 대한민국에서 열풍이었다.

이 책 또한 결론은 내가 접한 다른 책들과 동일하다. 우리의 내면에 잠재되어 있는 힘을 이용하면 좀 더 업그레이드된 인생을 살 수 있다는 것이다. 포장만 다르게 되어있을 뿐 같은 말이다. 실제 그 힘을 이용하여 효과를 본 사람들이 존재했기에 저런 이야기가 나온 셈이다. 그중 한 소년의 이야기를 소개해보겠다.

어느 날 소년은 미국에 꼭 가고 싶어졌다. 미국에 넘어가 성공한 사람들이 많았기에 소년도 미국에 가고 싶었다. 하지만 그 당시는 지금처럼 외국 여행이 쉽지 않았고, 소년은 자신이 미국으로 갈 수단이나 방법에 무지했다는 사실을 알아차렸다.

그래도 간절히 미국에 가고 싶었던 소년은 포기하지 않았다. 먼저 자신이 어떤 교통수단으로 미국으로 가면 좋을지 떠올려 보았다. 상대적으로 교통비가 싸고 낭만이 있을 것 같은 배를 타고 가기로 마음먹었다. 그리고 나선 시간을 내어 항구로 나가 미국행 선박을 바라보며 어떻게 타고 가는지 지켜보며 갈 수 있는 방법을 생각했다. 얼마쯤 지나자 소년은 미국행 배를 타고 가는 방법을 온전히 머릿속으로 그릴 수 있었다. 그러자 미국으로 가기 위한 아이디어와 방법이 속속 떠오르기 시작했다. 주변 사람들은 소년을 보며 쓸데없는 짓을 한다고 했지만 소년은 오히려 '반드시 미국으로 간다.'며 떠들고 다녔다. 그는 자신의 계획을 거침없이 실천에 옮겼고 그것이 그에게 길을 열어준 계기가 되어 결국 미국으로 건너가 자신이 원하는 목표를 이뤄내었다.

성공학의 대가 조셉 머피(Joseph Murphy)도 잠재된 힘을 이용한 사람을 만난 적이 있다. 머피가 오스트레일리아를 여행하던 도중 의사가 되고 싶어 하는 한 청년을 만났다. 그는 청년이 소질도 있고 성격도 좋아 훌륭한 의사가 될 수 있으리라고 생각해 돕고 싶었다. 청년은 그 당시 어느 병원에서 청소, 창문 닦이 등의 잡일을 하고 있었으며, 집이 부유하지도 않았으며 경제적으로 도와줄 수 있는 주변 사람 또한 없었다. 머피는 그 청년에게 돈을 건네주는 대신에 다음과 같은 조언을 해줬다.

"땅에 뿌려진 씨앗은 필요한 것을 모두 자신에게 끌어들여서 성장하지. 자네도 식물의 씨앗을 통해 교훈을 배우고 필요한 생각을 자네의 마음속에 뿌리면 돼. 그러면 자네의 마음은 필요한 것을 끌어당겨 반드시 실현시켜줄 것이야."

이 말을 들은 청년은, 의사 면허증을 벽에 붙여 놓고 큰 글자로 쓰인 자신의 이름을 부르며 의사가 되기 위해 필요한 것들을 조사하고 기초지식을 학습하며 방법을 열심히 궁리했다. 그리고 자신의 계획을 주변 이들에게 표현하고 다니며 의사가 되기 위해 4개월 동안 매일 밤 싫증도 안내고 끈기 있게 노력했다. 그러자 기적과도 같은 일이 일어났다.

그 병원에서 근무하던 의사가 급히 조수가 필요했는데, 마침 청년이 그 자리에 있었던 것이다. 그래서 의료기구 소독법이며 피하 주사법, 응급 처치법 등을 직접 가르친 후 병원의 전문 조수로 고용했다. 지금 그 청년은 캐나다의 몬트리올에서 진료소를 개업했다. 진료실에서 자신의 이름이 쓰인 의사 면허증을 올려다보며, 몇 년 전엔가 오스트레일리아에서 보았던 면허증과 똑같다고 생각하면서 말이다. 이런 이야기를 계속 읽어나가면서 나는 하나의 법칙을 나만의 언어로 다음과 같이 재정의 해봤다.

'꿈을 찾고 목표를 정한 다음, 구체적으로 생각하고 실행하라.'

간단한 이야기지만 내 식으로 정리해보니 칭기즈칸의 정복을 향한 거침없는 질주처럼 나의 사고체계를 거침없이 개척하기 시작했다. 머릿속 정리가 끝난 후 나는 이를 다음과 같이 프로세스화 시키고 다음과 같이 명명했다.

업그레이드 법칙
❶ 마음 잡기 (의지를 부르는 동기 만들기)
❷ 경험 쌓기 (꿈을 찾기 위한 기초공사)
❸ 꿈을 찾기 (나의 진짜 꿈 찾기)
❹ 알아차리기 (나의 부족한 부분을)
❺ 학습하고 생각하기 (목표를 효과적으로 이루는 방법 만들기)
❻ 표현하기 (나의 계획을 표현하고 실행할 확률 높이기)
❼ 실행을 관리하기 (디테일 하게)
❽ 임계치 넘기 (한계를 넘고 목표 이루기)

의지를 기반으로 동기를 만들고 다양한 경험을 쌓으며 진짜 꿈을 찾는다. 꿈을 이루기 위해 나의 부족한 부분을 알아차리고 학습하고 효과적인 달성방법을 생각한다. 나의 계획을 표현하고 디테일 하게 실행하며 임계치를 넘을 때까지 반복하여 목표를 달성한다. 내가 깨달은 일류로 나아가는 공식이었다.

사람의 모든 의지에는 늘 꿈이 기반 되어야 그 의지에 활력이 생긴다. 그리고 이를 기반으로 목표를 세운 다음, 방법을 떠올릴 수 있게 학습하고 실행하면 원하는 바를 얻을 수 있다. 꿈을 기반으로 동기가 생겼기 때문에, 노력은 저절로 따라온다.

나는 이렇게 일목요연하게 정리된 프로세스를 '업그레이드 법칙'이라고 부르기 시작했고 내가 성취하는 것들에 이 법칙을 적용해보았다. 그리고 이 법칙은 나에게 놀라운 변화를 가져다주었다. 앞으로부터는 내 자신이 변화한 이야기를 들려줄 것이다. 당신도 내가 변한 사례를 보고 이 법칙을 염두하고 무언가를 실행하기로 결심한다면 당신 또한 삶에 놀라운 변화가 일어날 것이다.

3장

나를 일류로 만든
업그레이드 법칙의 힘

외국에도 안 나가고
영어를 정복하다

처음 만난 동료들과 함께 해외 지사 사람들을 만나 프로젝트를 할 때였다. 한마디를 하더라도 조심해야 할 정도로 중요한 전화 회의가 끝나고 동료 한 명이 내게 말을 걸었다.

"외국에서 학교 나오셨나 봐요?"

"아니요, 한국에서 나왔는데요?"

"아, 그래요? 영어가 유창해서 어디 나갔다 온 줄 알았어요."

"아…. 감사합니다."

나는 한국에서 영어를 익혔다. 원래 한마디도 못 했지만, 지금은 사람들에게 저런 질문을 받는다. 영어 철부지에서 이렇게까지 할 수 있게 된 비법은 하나였다. 업그레이드 법칙을 기반으로 '습관'을 들이는 것이었다. 습관은 배신하지 않는다고 말했던 공병호 박사의 말처럼, 습관은 무언가를 성취하는 가속기 같은 존재다. 당신도 금방 잘할 수 있다. 한때 나도 영어 초보시절이 있었으니.

"오늘 첫 모임 있는 거 알지?"

"그럼요 누나."

오늘은 동아리 첫 모임이다. 호기심 반으로 가입한 외국인 문화교류 동아리. 이름은 '프렌즈 클럽'이란 곳이다. 여기에 가면 영어를 잘하게 된다는 선배 누나의 꼬드김에 들게 되었다. 사실 영어를 할 수 있다는 건 별 관심이 없었다. 그저 '과연 될까'하는 호기심이었을 뿐. 이곳에 가면 재밌게 놀 수 있다는 부연설명에 넘어갔다.

수업이 끝나고 나와 선배는 모임에 참석했다. 오늘 모임은 학교 앞 한식집이었다. 프렌즈 클럽은 학교로 오는 교환 학생들을 관리하는 곳이라 한국 문화와 엮어서 모임을 가졌다. 한국 학생들의 역할은 문화를 소개하는 지원 역할, 여기에서는 '버디'라고 불렀다. 그래서 새롭게 들어온 외국 학생들에게 한식을 소개하는 자리로 모임을 시작했다.

식당에 들어가자마자 이곳저곳에선 영어가 들리기 시작했다. 문을 열고 들어가려는 발걸음이 주춤했다. 나뿐만 아니라 옆 선배도 그랬다. 약간 찌푸린 표정. 분명 어색한 표정이다. 나도 그런 표정이었다. 애써 어색함을 감추고 우리는 식당 한구석 외국인이 적은 자리에 앉았다. 그런데 자리에 있는 외국인은 공교롭게도 백인이었다. 영어원산지 미국만 아니면 좋으련만. 식당 아주머니가 메뉴를 놓고 사라졌다. 메뉴는 순도 100%의 한국어였다. 옆 테이블에서는 늘 그래왔듯, 한국 학생들이 유창하게 설명하고 있었다. 그때였다.

"Hi, my name is Eric from United States(안녕 난 미국에서 온 에릭이야)"

앞에 앉은 외국 남자가 영어로 말을 걸었다. 이런 미국인이다. 영어를 제일 잘하는 민족이다. 도대체 뭐라고 얘기해야 할까. 들리는데 말을 못하는 벙어리의 심경이 이해가 됐다. 그 순간 내 옆에서 속사포 같은 영어가 튀어나왔다.

"Hi, my name is Soo Young from Korea. Nice to meet to you. What do you want to order?(안녕 난 한국에서 온 수영이야. 만나서 반가워. 뭐 주문할래?)"

세 개의 문장을 연속으로 말하는 유창한 영어. 나를 데리고 온 그 선배였다. 아까의 어색한 표정은 무엇이란 말인가. 테이프에서만 듣던 발음으로 그녀는 거리낌 없이 대화하고 있었다. 머리가 '핑'하고 돌기 시작했다. 아무 생각이 들지 않았다. 뭐라고 얘기하는지도 뭐라고 얘기해야 할지도. 이 장소에서 영어로 말하지 않는 사람은 나 혼자였다. 그녀의 어색했던 표정은 영어를 못해서가 아닌 오랜만에 사용하는 것에서 왔던 것이다. 알고 보니 어릴 때 외국에서 살았다고 한다.

"..."

나는 말없이 가만히 있었다. 그런 내 모습을 보곤 그녀가 내 소개를 대신 해줘 버렸다. 부끄러웠다. 밥을 먹는 내내 벙어리로 있었다. 존재하는 듯 존재하지 않는 듯. 얼마큼 지났을까. 문득 마음속에서 일말의 울분이 치솟았다. 예전 댄서의 길과 마찬가지로 여기서도 삼류 신세였다. 아니, 삼이라는 숫자조차 붙일 수 없는 하찮은 존재였다.

'이럴 수는 없다. 나도 해보자, 영어.'

다 함께 먹지만 혼자 먹던 것 같던 그 시간을 곱씹으며, 훗날 영어를 잘하는 모습을 떠올리며 영어를 정복하겠다는 다짐을 굳게 다졌다. 초반, 영어를 못하는 답답함은 아직도 잊을 수가 없다. 내 생에 무엇을 이뤄야겠다고 결심한 첫 순간이다. 더 이상 예전처럼은 살고 싶지 않았으니. 나는 이를 악물고 영어 정복이란 도전 타이틀을 걸었다. 하지만 막상 영어를 한다는 것은 쉬운 일이 아니었다. 어디서부터 시작해야 할지도, 어떻게 정복해야 할지도, 막막함이 나를 가로막았다. 그래서 우선 영어를 잘하는 방법을 찾아보기 시작했다. 책도 사서보고 인터넷 검색도 하며 노하우를 조사해 나갔다.

며칠간 조사하며 내린 결론은 하나였다. 영어를 매일 쓰는 환경에 자신을 놓는 것. 결론은 명쾌했다. 실천이 문제였다. 시중에서 권하는 방법은, 대개 외국으로 나가라는 것이다. 나갔다 오면 돈 몇천은 족히 들었다. 형편상 그건 어려웠다. 부모님한테 대출을 해달라고 떼를 쓰며 돈 내놓으라는 염치가 없었다. 국내에서 해결해야 했다. 그래서 외국에 나가면 어떤 효과가 있는지 찾아보고 이와 유사한 환경을 만들기로 계획했다. 처음 발견한 유학의 효과는 매일 같이 영어를 접하는 환경이었다. 그래서 어학연수를 갈 때도 실력을 늘리고 싶으면 한국인이 많이 없는 지역을 골라서 간단다.

다음은 일상생활의 단어를 매일 접하게 되는 것이었다. 생각해보니 여태까지 내가 배웠던 영어는 시험문제 풀이용이었다. 일상생활에서 잘 쓰지 않는 단어 말이다.

마지막은 위의 두 방법으로 익힌 영어를 실습할 수 있는 상황이었다. 조사한 바에 따르면, 한국 사람이 한국어를 잘하는 이유는 머릿속에 들어있는 단어들을 수백 수천 번 조합해서 문장으로 만들어본 경험이 있기 때문이라고 했다. 영어 또한 연장 선상에 있다고 생각했다. 이를 통해 나는 다음과 같은 영어 말하기 정복 계획을 세웠다.

> 첫째, 내 주변 환경을 영어로 만들기.
> 둘째, 일상생활 중 접하는 것들을 영어단어로 외우기.
> 셋째, 매일 같이 영어 문장을 조합하는 실습하기.

나는 곧바로 전출지를 사서 집안 곳곳의 물건에 붙여 놓고 거기에 그 물건의 영어단어를 써 놨다. 냉장고, 식탁 등의 큰 물건부터 젓가락, 칫솔 같은 작은 물건까지 붙였다. 핸드폰과 노트북은 영어로 언어를 바꿨다. 수업도 영어로 필기했다. 접하는 모든 환경을 영어로 만들었다. 처음에는 어색했지만 이내 익숙해졌다.

다음은 밖에서 돌아다닐 때, 밥을 먹을 때 등의 상황마다 보이는 모든 것들을 영어단어로 기록했다. 공부로만 익혔던 단어와는 전혀 다른 영역이었다. 콩나물, 육개장 같은 음식 이름부터 편의점, 헬스장 같은 사물 이름까지 공부할 때는 접하지 않은 단어들이 대부분이었다. 많으면 부담되니 하루 5개씩 단, 매일 같이 외워나갔다.

마지막은 나에게 굴욕이었던 그 동아리가 도와주었다. 최소, 주마다 한 번씩은 외국인들과 만날 수 있었기에 익힌 단어들을 모임에서 말해보는 실습을 했다. 모임이 없을 때는 머릿속에서 영어로 먼저 말하고 한국어로 번역해서 말하며 연습했다. 이 과정이 가장 힘들었지만 이 또한 매일 같은 연습으로 헤쳐갈 수 있었다.

"Hi guys, I'm Jason from Korea. From now on, let me introduce about Korean culture! (안녕 애들아, 난 제이슨이야. 지금부터 한국 문화에 대해 설명해 줄게!)"

3개월 후, 나는 모임에서 한국 문화를 영어로 소개할 수 있었다. 그 후에도 늘 세 가지 방법으로 내 영어를 발전시켜 나갔고, 영어정복의 결심은 인생에서 내린 가장 훌륭한 선택이었다.

그렇게 나는 영어를 정복할 수 있었다. 심지어 실력을 인정받아 영어회화 과외까지 했고, 내게 배운 학생들은 3개월 후 영어 말하기를 할 수 있었다. 이를 통해 나는 한 가지를 깨달았다. 명확한 동기, 그러니까 영어를 잘하게 되는 모습을 담은 꿈을 갖고 제대로 된 계획을 세우면 이뤄낼 수 있다는 것을. 사람들은 매번 내가 영어를 할 때 묻는다. 어디서 살다 왔느냐고. 이럴 때마다 나는 흐뭇하게 답한다. 그런 적은 없다고. 그리고 놀라는 그들에게 이렇게 말한다. '외국에 나가지 않고도 당신도 영어를 할 수 있다'고.

일류의 공식으로 실천한 첫 번째 산물, 영어. 두 가지만 기억하면 당신도 영어를 정복할 수 있다. 영어를 하고자 하는 꿈을 가지는 것. 그리고 영어를 정복할 구체적인 계획을 세우는 것. 계획은 내가 실천한 '주변 환경을 영어로 만들기, 일상생활 중 접하는 것들을 영어

단어화 하기, 매일 같이 영어 문장을 조합하는 실습하기'의 방법을 사용할 수도 있고 당신만의 계획을 세울 수도 있다.

기억하자, 꿈을 가지고 이를 달성할 구체적인 계획을 세운다면 반드시 당신의 목표를 이룰 수 있다는 것을. 영어정복, 당신도 외국에 안 나가고 할 수 있다. 아무 말도 못하던 나도 했으니 말이다.

꿈꾸던 세계 최고의
회사에 취업하다

"저는 컨설팅을 하고 싶은데요, 어떻게 하면 될까요…?"

내 질문을 받은 그는 황당한 표정으로 나를 쳐다보았다.

"음 지금 학생 스펙으로는 안 될 것 같은데? SKY도 될까 말까 하는데 다른 걸 찾아보지?"

"그래도 전 이 일을 하고 싶은데요."

"글쎄, 안 된다니까? 학생 학교에서 들어간 사람이 하나도 없다고. 가서 공부나 더 해요."

근데 난 됐다.

나는 내가 원하는 일을 첫 직장으로 삼고 싶었다. 내가 하고 싶은 분야는 컨설팅회사의 컨설턴트, 종합상사의 해외영업, 전기전자 해외마케팅이었고 컨설팅은 그중 1순위 목표였다. 기업이 직면한 문제를 분석하고 해결방안을 제시하는 일이 너무 재미있어 보였다. 무언가를 개선하는 걸 좋아하는 나의 성향도 그렇고, 내가 그린 빅 픽처에도 걸맞은 회사였다.

하지만 방법을 찾아보려고 갔던 취업컨설팅 업체마다 반응은 냉소적이었다. 나는 그저 방법을 알고 싶은데, 스펙이 좋지 않다던가, 학교가 적합하지 않다는 이유로 안 된다고만 했다. 이런 반응은 주변 사람들도 마찬가지였다.

"컨설팅? 해외영업마케팅? 야, 내가 석사를 마치고 이제 박사를 하는데도 컨설팅은 힘들어. 우선 학벌이 딸린다고. 우리가 해외대학 출신도 아니고. 게다가 넌 전자과잖아?"

학교에서 공부를 같이한 아는 형조차 고개를 저었다. 학벌도 전공도 맞지 않는다며 나를 말렸다.

"음, 한 번 해봐. 계속 떨어지면 마음이 아프겠지만. 사람은 경험의 동물이라고 하잖아?"

주변 친구도 마찬가지였다. '떨어져 보면 안 되는 걸 알겠지.' 하며 불가능을 가정했다.

'그래도 하고 싶은데, 정말 안 되는 건가…'

타인의 말에 귀를 기울이라는 떠오르지 않는 누군가의 어록이 떠오르며 갈팡질팡해졌다. 세상은 역시 녹록하지 않은 것인가! '하고 싶다고 할 수 있는 것은 아니다.'라는 생각이 나를 급습하며 자신감은 없어져만 갔다.

그러던 어느 날이었다. 종로에 볼일이 있어 버스를 타고 이동 중이었는데, 본의 아니게 뒤에 앉은 두 남자의 이야기를 엿듣게 되었다. 낮술을 했는지 약간의 취기 어린 말투로 지나간 인생에 대해 말하는 게 들렸다. 그들의 말에는 도중마다 한숨 섞인 푸념이 느껴졌다. 한참 푸념을 토로하다 그중 한 명이 이렇게 말했다.

"살면서 정말 후회되는 게 하나 있는데. 그건, 하고 싶은 일에 한 번도 도전해보지 않은 것이야. 젊은 시절 참 기회가 많았는데 말이지."

그는 푸념 어린 말투로 말을 이어나갔다.

"시간을 돌릴 수만 있다면 한 번쯤은 후회 없이 도전해볼 걸 그랬어. 어휴, 후회만 가득하니 술이라도 마시고 잊어버려야지. 시간만 되돌릴 수 있다면 후회 없이 살고 싶구먼."

그리고 그 둘은 다음 정거장 안내를 듣고 자리에서 일어났다. 힐끔 본 그의 모습은 나이가 지긋한 노인이었다. 표정에서 삶에 대한 아쉬움이 느껴졌다.

그런데 문득 그의 모습에서 내 미래가 보였다. 갑자기 허망함이 불쑥 밀려왔다. 혹시 나도 그처럼 후회하며 노년을 보내게 되는 것일까? 지금 컨설팅은 안 된다고 하는 주변 목소리를 그대로 수용해야 하는 것일까? 어차피 내 인생은 내가 사는데.

이런 생각이 들자 갑자기 용기가 생겨났다. 어차피 한 번 사는 인생, 후회하지 말자는 생각이 나를 감쌌다. 모두가 안 된다는 이 상황을 멋지게 돌파해 보겠다는 용기가 생겼다. 내가 원하는 일에 도전해서 합격이란 결과를 꼭 만들어내고 싶었다. 흔들렸던 의지를 다시금 굳게 다지며 나는 나의 합격한 모습을 상상했다.

나는 전공도 다르고 학벌도 부족했지만 내가 원하는 일에 도전했다. 후회를 남기고 싶지 않아서였다. 최선을 다해 방법을 찾으면 될 수 있을 거라고 믿었다.

'그럼 어떻게 하면 합격할 수 있을까?'

나는 이제 방법을 고민했다. 제대로 된 계획을 세우고 도전하면, 설령 실패하더라도 후회는 남지 않을 것 같았다. 그래서 모든 수단과 방법을 동원했다. 남들과 차별성 있는 한 곳을 준비하기 위해 치밀한 계획을 세워나갔다. 수많은 시행착오를 거쳐 두 가지 커다란 방법을 세웠다.

이겨놓고 싸우는 취업비법

첫째, 채용 시즌에 들어가기 전까지 확률을 높이는 모든 방법을 준비해 놓기.
둘째, 채용 시즌에 들어가서 효율적으로 움직이는 모든 방법을 동원하기.

그리고 나선, 채용 시즌 전에 해야 할 계획을 세웠다. 먼저 질과 양을 동시에 갖춰 지원하기로 마음먹고 양을 충족하기 위해 100개를 쓰기로 계획했다. 질을 높이기 위해 업계는 세 군데만 고르고 이에 속한 회사를 30개 정도씩 찾아서 지원할 회사 목록을 만들었다.

그 후 내가 필요한 스펙을 찾아보았다. 학벌을 바꿀 수 있는 여유는 없었기에 학벌 세탁은 포기했다. 대신 내가 진입하려는 업계와 유사한 인턴경력을 쌓기로 했다. 어학 점수도 이에 맞춰 900점 이상으로 올리기로 했다(자세한 방법은 내 저서 『취업, 이겨놓고 싸워라』에 있다).

채용시즌에서 소비될 시간을 줄이기 위해 미리 증빙서류도 떼어놓고, 지원할 기업을 분석해서 공통으로 활용할 인적사항도 미리 정리했다. 자소서에 들어갈 경험과 지원동기까지 미리 작성해놓았다. 가고 싶은 업계에 들어가기 위해 국내 외국계 회사를 가리지 않았고, 이에 맞는 영문 이력서도 준비했다.

채용시즌에 들어와서는 효율적으로 움직이기 위해 지원할 회사의 채용공고를 엑셀 파일에 넣어놓고 통합적으로 관리했다. 그날그날 할 일을 체크하기 위해, 서류마감과 면접일 등이 통보될 때마다 기록하고 하루에 해야 할 작업 분량과 전체 일정을 관리했다.

회사 100개를 지원하기 위해 미리 준비한 이력서와 자소서를 기업 인재상과 맞춰 고품질로 빠르게 자소서를 써내기로 계획했다. 미리 준비한 영문 이력서 또한 지원 기업의 업계에 맞춰 여러 장을 준비해 맞춤으로 제출하기로 했다. 면접도 기업에서 물어볼 질문들을 150개가량 예상해서 미리 준비해 놓기로 했다(이 방법으로 서류 하나에 1시간도 걸리지 않았다).

이렇게 나는 자세한 계획을 세우며, 취업을 준비하고 누구보다도 효율적으로 도전했다. 확률을 높이기 위해 모든 방법을 동원하고 실천에 옮겼다. 방대한 계획에 버겁기도 했지만 반드시 이루겠다는 내 의지를 꺾지는 못했다. 그리고 결국 내가 원하는 회사에 모두 합격할 수 있었고 1순위였던 컨설팅을 골라서 당당히 입사했다. 그곳은 32만 명이 근무하고 있는 세계 최고의 글로벌 컨설팅회사 '액센츄어' 였다.

아마도 자세한 계획이 없었거나, 하고 싶다는 강력한 의지가 없었다면 결과가 좋지 않았을 것이다. 일류의 삶을 조사하고 발견한 업그레이드 법칙을 사용했기에, 믿음을 유지한 채 목표를 향해 전진해 나갔고, 불가능을 가능으로 만들 수 있었다.

누군가가 내게 취업에 성공하는 방법을 물을 때마다 나는 늘 하고 싶은 일에 도전하라고 조언한다. 그래야 취업이 떠 빠르게 될 수 있다고, 오히려 성공할 확률이 높아진다고 조언했다. 나아가 후회하지 않는 삶을 살게 된다고 덧붙인다. 그리고 이는 업그레이드 법칙을 통해 실현된다.

사람들은 꿈을 이루기 위해 사는 것을 두려워한다. 과연 내가 그럴 만한 그릇이 되는지 스스로를 의심하기 때문이다. 자신에게 걸려있는 저주와도 같은 의심을 버리고 자신의 무한한 가능성을 믿고 꿈과 계획을 세우면, 누구나 나처럼 꿈꾸는 목표를 달성할 수 있다. 누군가는 원하는 바를 이루는데 당신은 그렇지 않다면 그 차이는 딱 하나다.

'꿈과 이를 이룰 계획이 있느냐 없느냐?'

특히, 취업에 어려움을 겪는다면 지금 바로 꿈을 찾자. 업그레이드 법칙을 적용하자.

한 분야의 전문가로
프로젝트를 수주하다

"정말요…?!"

"그래."

"진짜죠…?"

"맨날 속고만 살았어? 진짜야."

"알겠어요! 형님, 감사합니다! 다시 연락드릴게요!"

지인에게서 전화 한 통이 걸려왔다. 지인의 몇 마디에 내 양 입꼬리가 올라가 버렸다. 표정을 감추려고 참아 보아도, 퍼져 나오는 미소는 멈출 수가 없었다. 정말 생각대로 이루어졌다. 업그레이드 법칙을 쓰고 몇 개월이 지나서 말이다.

2014년도 당시, 경기가 급격히 나빠졌다. 대기업들은 너도나도 예산을 삭감하기 시작했다. 가장 먼저 타격을 받은 건 컨설팅 회사였다. 보통 컨설팅 프로젝트는 투자 목적으로 진행되는 터라 의뢰하는 기업들이 대폭 줄어들었다. 내가 다니던 회사 또한 예외가 아니었다. 회사에서 진행하는 프로젝트는 점점 줄어갔고 어느 순간부터는 프로젝트에 투입되는 것조차도 직접 찾아야 할 필요가 생기기도 했다.

나는 컨설팅회사에 입사할 때부터 하나의 꿈이 있었다. 언젠가 한 번쯤은 내가 직접 프로젝트를 수주하는 것이다. 아주 먼 이후의 이야기겠지만. 무형의 지식을 고객에게 파는 업의 특성상 프로젝트를 수주한다는 건 많은 경험이 필요했다. 그러다 보니 주로 부장이나 임원급 선에서 영업이 이뤄졌다.

당시 나는 내가 처음으로 리딩하게 된 프로젝트를 하고 있었다. 그래서 좀 더 책임감을 가지고 주도적으로 진행해 나갔고 이를 통해 인정을 받고 있었다. 그러던 어느 날, 한 이사님이 내게 농담조로 이렇게 말하는 것이었다.

"이제 프로젝트도 다 진행하고. 장하네? 곧 있으면 프로젝트도 하나 따오겠어."

나는 웃으며 농담조로 답했다.

"하하, 직급도 낮은 제가 그럴 리가요. 언젠간 그런 날이 오겠죠?"

그러자 그는 이렇게 말했다.

"프로젝트를 따오는데 직급이 뭐가 중요해. 해보겠느냐 아니냐는 결심의 차이지."

그의 말이 맞았다. 여태까지 해볼 생각조차 안 했다. 갑자기 호기심이 생겼다. 한 번 시도라도 해볼까 하는 생각이 들었다. 프로젝트를 수주한 상황을 상상해보니 기뻐 어쩔 줄 모르는 내 모습이 그려졌다.

'그래. 한 번 해보자. 어차피 손해 볼 것도 없는데.'

시간이 얼마나 걸릴지 모르겠지만 한 번 해보기로 마음먹었다. 사실 내가 이런 결심을 했다는 게 무모한 생각이었을 수도 있다. 결심만 한다고 되는 거라면 누구나 했을 테니. 그래도 손해 보는 건 없다고 생각했고 업무에 지장이 가지 않는 선상에서 시도해 보는 건 괜찮다고 생각했다. 그렇게 나는 천천히 계획을 짜보기 시작했다. 하지만 막상 프로젝트 수주라는 목표는 여간 부담스러운 것이 아닐 수 없었다. 누가 내게 시킨 것도 아니고 그렇다고 수주를 할 수 있는 기회조차 보이지 않은 상태였다. 오로지 내 자유의지에 달려있었고 지금 하고 있는 업무에 지장이 있어도 안 됐다. 자칫 시키지도 않은 걸 한다며 그만하라는 소리도 들을 수 있었다. 그래도 쉬는 날이 있을 때마다 조금씩 방법을 구상했다. 각종 영업 관련 서적도 찾아보며 영업이 무엇인지부터 배워나갔다. 업무에 지장 없는 선과 내 역량 수준에서, 나와 회사를 알릴 수 있는 방법을 찾아보았다. 그렇게 몇 달 동안 공부하고 궁리하여 다음과 같은 방법을 찾았다.

누구나 할 수 있는 영업비법

첫째, 나와 회사를 알릴 수 있는 모임에 가입하고 네트워크 쌓기.
둘째, 모임에서 도움이 될 수 있는 주제를 찾기.
셋째, 그런 주제로 세미나를 열어 지식을 공유하고 도울 수 있는 부분을 도와주기.

그리고 나선 이 계획을 실행해나갔다. 우선 각종 협회나 협업 커뮤니티에 가입하고 활동했다. 주말이나 평일 업무 후에 내 분야 관련 세미나가 있으면 참석했다. 내가 경험한 플랫폼 분야의 관련 자격증에도 도전하며 전문성을 키워나가는 동시에 인맥도 넓히기로 계획했다. 전문성도 키우면서 동시에 이를 어필할 수 있을 거라는 생각이 들었다. 그렇게 인맥을 넓혀가며 전문성을 알린 다음, 누군가가 내게 관련 지식의 도움을 요청하면 언제든 발 벗고 나섰다. 술 한 잔 마시며 아는 걸 말해주는 것이 아닌 전문적인 자료를 만들어서 도왔다.

시간이 있을 때마다 각종 모임에 참석했다. 사람들과 명함을 교환하며 나를 알렸고 내가 아는 플랫폼 분야를 알릴 수 있는 IT 협회에 가입해서 활동했고 관련 세미나에도 가급적이면 참석했다. 프로젝트 발주는 분명 돈이 흐르는 곳에서 나온다고 생각했기에 기업 투자자들의 모임에도 나가며 나를 알렸다.

그렇게 몇 개월이 지난 후, 나는 하나의 요청을 받게 되었다. 기업 투자 모임에 활동하며 알게 된 지인이 당시 최신 트렌드 중 하나인 IoT(사물인터넷)에 대해 소개해 줄 수 있느냐는 부탁이었다. 그리고 나는 계획할 때 생각했던 대로 전문적인 소개 자료를 준비했고 결국 여의도 소재의 한 금융그룹에서 내가 아는 것을 가지고 도움을 줄 수 있었다. 그 후 우연인지 인연인지 일전 내게 도움을 받은 지인이 이렇게 말하는 것이었다.

"혹시 프로젝트 하나 진행 가능한지 검토해줄 수 있어?"

정말로 요청이 온 것이다. 정말 안 될 것 같던 프로젝트 수주요청이라는 것이 말이다. 지인의 아는 사람이 프로젝트 하나를 계획 중인데 내게 연결해 준 것(규모는 작았다)이었다.

그저 꿈을 가지고 자세한 계획을 세웠는데 정말 현실에서 벌어진 것이었다. 비록 내가 속한 팀에서 검토하는 분야는 아니어서 다른 조직에 연결해줬지만 결국 수주라는 결과를 통해 기여할 수 있었기에 그 쾌감은 이루 말할 수 없었다.

18경기에 출전해 16번을 탑10에 들고 그중 여덟 번을 우승한 유명 프로골퍼 애니카 소렌스탐(Annika Sorenstam)은 남성 골퍼들과 대결을 한 사람으로 유명하다. 아무리 뛰어난 여자 선수라도 체격과 파워에서 차이가 나는 관계로 이기는 건 어렵기만 했다. 하지만 그녀는 자신의 한계를 뛰어넘겠다는 꿈을 가지고 자신의 격차를 알고 훈련을 하고 남성 골퍼들과의 대결을 통해 자신을 성장시키겠다는 생각을 실행에 옮겨나갔기에 성공적인 역량 향상을 이룰 수 있었다. 꿈과 이를 시각화할 정도의 계획이 있다면 자신의 한계 밖의 일도 할 수가 있다. 기회는 어떻게든 찾아오기 마련이기 때문이다.

나는 영업을 해 본 적이 없었다. 해봐야겠다는 의지만 있었을 뿐. 직급을 떠나서 내 자신이 얼마만큼 할 수 있는지 정말 알고 싶었다. 이를 위해 업그레이드 법칙을 사용했고 결국 프로젝트 수주를 받을 수 있는 성과를 만들 수 있었다.

중국의 대표적인 민족종교이자 철학사상인 도교는 성장에 대해 다음과 같이 말했다.

"수련을 쌓을수록 많은 것을 이루는 법이다. 무엇을 의심하는가? 그대와 다른 사람의 거리가 벌어진다. 누구도 그대를 따라잡을 수 없다."

수련을 쌓으려면 쌓고 싶은 의지와 목표가 있어야 한다. 목표가 있으면 자신의 격차를 알아차리고 학습을 하고 생각을 해야 한다. 그리고 실행에 옮기면, 도교의 말처럼 누구도 그대를 따라잡을 수 없을 만큼 자신을 업그레이드할 수 있다. 당신도 업그레이드 법칙으로 불가능이라 보이는 것들을 가능으로 만들어 보는 건 어떠한가.

타인의 미래를
일류로 만들다

"형, 제 조언을 듣고 후배들이 자기가 원하는 회사에 취업했어요.
너무 뿌듯한 거 있죠? 한때는 저도 참 절망적이었는데 말이죠!"

그의 말을 듣고 내심 뿌듯했다. 그가 그의 후배를 이끌어주고, 그
후배가 또 후배들을 이끌어주고. 그렇게 사람들이 꿈을 찾아서 주
도적으로 살면 좋겠다는 생각이 들었다. 그는 내게 취업 코칭을 받
았던 같은 학교 후배였다. 그런 그가 이제는 누군가의 미래를 바꾸
기 위해 노력해준다는 것이 대견했다. 불과 몇 년 전만 해도 그는,
자신감 없는 취업 준비생에 불과했었다.

"형, 저 그냥 죽어 버릴까요? 탈락만 벌써 몇 번짼지 … 부모님 보
기도 미안하고 명절 때도 눈치 보여서 못 가요. 정말 잘 해보고 싶은
데 왜 이렇게 안 풀릴까요?"

그렇게 말한 그는 술잔에 가득 찬 소주를 한입에 털어 넣었다. 어

지간히 속이 타들어갔나 보다. 취업이 안 돼서 죽고 싶다는 농담 어린 말에 마음이 쓰라렸다. 그의 취업을 도와주려면 직접 붙어서 많은 시간을 써야 했지만, 그럴 시간이 없었다. 나는 교내에서 이렇게 알려져 있었다.

'학벌과 전공을 깨고 세계 최고의 컨설팅 회사에 취업한 선배.'

외국대학교 학생들조차 들어가기 어렵다는 곳에 학교 최초로 공채에 합격했기 때문이다. 그래서 여러 후배들이 내게 취업 고민을 털어놓으며 종종 비결을 물었다. 하지만 개별로 상담을 해주기엔 시간이 넉넉지 않았다. 업무 강도가 높기로 유명한 컨설팅회사에 근무하는 중이었기에 매일 같이 야근이었고 주말조차 종종 근무했다. 내가 일하던 액센츄어의 별명은 일이 너무 많아 '빡센츄어'라고 불렸다. 그런데 '취업이 안돼서 죽고 싶다'는 마음 아픈 이야기를 듣는 순간, 어떻게든 돕고 싶었다. 취업이 뭐라고… 물론 인생이 바뀌는 중요한 지점 중 하나가 첫 취업이긴 하다. 나 또한 취업 당시에 첫 취업에 많은 공을 들였다. 하지만 대다수의 후배들이 '하고 싶은 일에 도전해야 더 빠르게 취업할 수 있다는 것'을 모르고 있어 가슴이 아팠다.

그 후배의 취업 고민을 꼭 풀어주고 싶었던 나는, 그를 한 번 도와보기로 결심했다. 나는 우선 업그레이드 법칙을 떠올렸다. 내가 누군가의 미래를 바꿔주기 위해서 부족한 게 무엇인지 알아차리려고 했다. 코칭하는 방법을 모르고 알려줄 수 있는 정리된 자료가 없음을 파악했다.

그리고 나선 시중에 돌아다니는 각종 서적을 읽으며 코칭하는 방법을 익혀나갔고 내가 썼던 방법을 누군가에게 공유할 수 있도록 정리해보기 시작했다. 나의 한계는 회사를 다니고 있으니 직접 붙어서 알려주지 않아도 방법을 익힐 수 있게 만드는 것이 핵심이었다(이후 그런 관점으로 만들어진 나의 저서인 『취업, 이겨놓고 싸워라』를 출간했다).

취업에는 분명 정답이 있다. 이미 나의 취업 결과를 통해 증명도 했다. 사실 취업의 방법은 딱 하나다.

'하고 싶은 일을 찾고 이를 이루기 위해 모든 수단과 방법을 동원하는 것.'

주변 사람들은 내가 어떻게 취업했는지는 관심이 없었기에 내가 계획하고 실천한 방법에 대해 알지 못했지만, 나는 철저하게 이 방법으로 효율적인 시스템을 만들어 이를 활용했고 원하는 회사에 골인했다. 아무튼 자료를 정리해 나가며 학생들이 효율적으로 이해할 수 있는 취업 방법을 만들어나가기 시작했다.

'어떻게 하면 다수가 이해하고 적용할 수 있는 보편적인 방법을 만들 수 있을까?'

고민이 들었다. 적어도 예전 나의 전철을 밟게 하고 싶지 않았다. 잘못된 꿈을 세우고 무모하게 도전한 탓에 실패했던, 댄서 시절의 경험을 똑같이 겪게 하고 싶지 않았다. 어떻게 하면 좋을지 머릿속으로 구상했다. 몇 주간 고민한 결과 나의 취업에서 터득한 경험과 보편적으로 알려줄 수 있는 방법을 고려하여 다음과 같은 계획을 세웠다.

첫째, 다른 사람들은 나와 처한 상황이 다르니 자체적으로 자신이 부족한 것을 진단할 수 있게 만들자.

둘째, 남들도 이해할 수 있는 언어로 경험을 자료화하자.

그 후 나는 내 경험을 되짚어 보며, 시간이 날 때마다 진단할 수 있는 질문을 구상하기 시작했고 결국 다음과 같이 만들 수 있었다.

🖊 취업역량 진단키트

첫째, 하고 싶은 일은 있는가?
둘째, 진입하고 싶은 업종은 있는가?
셋째, 지원하고 싶은 직무는 있는가?
넷째, 가고 싶은 회사는 있는가?
다섯째, 깊이 있는 내용으로 수많은 기업에 지원할 생각이 있는가?
여섯째, 외국계 기업도 가리지 않고 쓸 것인가?
일곱째, 취업 시즌에 진입해서 효율적으로 움직일 방법을 생각해 놓았는가?
여덟째, 성공할 거라는 확연한 믿음이 있는가?

그리고 내가 취업에서 활용했던 자료들을 정리하여 다음과 같이 만들었다.

취업방법론

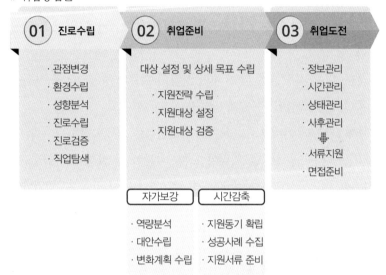

01 진로수립
- 관점변경
- 환경수립
- 성향분석
- 진로수립
- 진로검증
- 직업탐색

02 취업준비
대상 설정 및 상세 목표 수립
- 지원전략 수립
- 지원대상 설정
- 지원대상 검증

자가보강
- 역량분석
- 대안수립
- 변화계획 수립

시간감축
- 지원동기 확립
- 성공사례 수집
- 지원서류 준비

03 취업도전
- 정보관리
- 시간관리
- 상태관리
- 사후관리
- 서류지원
- 면접준비

취업모듈

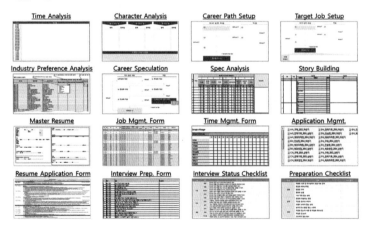

Time Analysis · Character Analysis · Career Path Setup · Target Job Setup

Industry Preference Analysis · Career Speculation · Spec Analysis · Story Building

Master Resume · Job Mgmt. Form · Time Mgmt. Form · Application Mgmt.

Resume Application Form · Interview Prep. Form · Interview Status Checklist · Preparation Checklist

이 자료들을 그 후배에게 가장 먼저 전해주며 설명해주었다. 같은 학교 경제과였던 그는 내가 해왔던 방법대로 그 자신이 하고 싶은 일을 찾기 시작했고 그렇게 찾은 업계는 자동차 관련 업계였다. 그는 내게 받은 방법을 바탕으로 모든 수단과 방법을 동원했고 국내 1위의 타이어 대기업에 입사하는 쾌거를 이룰 수 있었다. 그 후에도 이 방법을 통해 몇 명의 후배들이 금융, 주류, IT서비스 분야에서 본인이 원하는 최고의 회사에 입사하는 결과를 내게 알렸고 자신의 꿈을 찾고 미래를 바꿔나갔다. 이런 자료를 만들게 된 계기는 누군가의 미래를 바꾸자는 목표도 있었지만, 무엇보다 내 인생의 꿈과도 연관성이 있었다. 자신의 천직을 찾고, 쌓은 경력을 활용해 은퇴 없는 인생을 살도록 하는 재단을 만들고 싶은 게 내 최종 꿈이다. 주변에서는 다른 이에게 조언이 가능하냐는 우려도 있었지만, 제대로 된 방법을 통해 길을 못 찾던 후배들이 자신이 원하는 분야에 성공하는 쾌거를 이뤄냈다. 그렇게 나는 업그레이드 법칙을 통해 누군가의 삶을 개선하는 데 일조할 수도 있었다.

내 자그마한 소망은 이렇게 이 책을 읽고 있는 당신도 이 기회를 통해 자신의 미래를 바꾸고 나아가 타인의 미래를 바꿔주는 것이다. 그러기 위해서는 늘 언급하는 꿈이 있어야 한다. 꿈이라는 큰 틀에서 목표를 세우고 목표 대비 현재의 나를 알아 차리고, 학습하고 방안을 만들어 실행하면 원하는 바를 이룰 수밖에 없다. 더불어 당신의 도움이 필요한 누군가에게 미래를 바꿀 수 있는 조언을 해줄 수 있다. 업그레이드 법칙을 통해 그런 상태로 된다면 말이다. 나는 오늘도 꿈을 꾼다. 내가 이뤄가야 하는 것에 대한 것과 다른 이들이 이뤄갈 수 있도록 지원하는 두 가지 꿈을 말이다. 업그레이드 법칙, 당신도 이 방법을 활용하면 못 이뤄갈 것은 없다. 그저 시간과 인내의 문제일 뿐이다.

1개월 만에 책을 쓰다

얼마 전 집 근처 문화센터를 갔다가 한 강연을 듣게 되었다. 긍정에 대한 주제였는데 내용이 참 괜찮다고 생각했다. 하지만 강의를 듣는 사람들의 반응은 영 별로였다. 강사가 마음가짐을 이렇게 해야 한다며 말을 해도 '과연 그러겠어?'라는 표정으로 제대로 듣지 않는 모습이 보였다. 아무리 좋은 내용이라도 말에 힘이 실리지 않으니, 그 모습이 안타까워 보였다.

'그러니까 책을 쓰지……'

강의가 끝나고 힘없이 나가는 그녀를 붙잡고, '책을 써보는 것은 어떠냐?'며 묻고도 싶었지만 그럴 용기는 없었다. 무슨 뜬금없는 소리냐며, 오히려 반박할 수도 있기 때문이다. 내 책이 없던 시절, 나라면 그렇게 말했을 테니까.

책, 내게는 그저 따분하고 지루한 존재였다. 누구나 들어도 옳은 소리만 지저귀는 것, 누군가에게 감흥을 주기 어려운 것 등 책에 대한 좋은 이미지가 없었다. 영상과 사진들이 쏟아지는 뉴미디어 시대에, 책은 더 이상 볼품없는 구시대적 유물이라고도 생각했다. 작가라는 직업도 끝물이라 여겼다.

앞서 말했지만 나는 학벌과 전공의 벽을 넘어 내가 원하는 곳의 취업에 성공했다. 외국대학교 학생들조차 들어가기 어렵다는 글로벌 컨설팅회사에 학교 최초로 공채 합격이라는 타이틀도 있었다. 오랜 시간 동안 고통이란 몸부림을 제물로 바쳐 발견한 나만의 비결이 있었기에 이뤄낼 수 있는 산물이었다. 그러다 보니 여기저기서 내 스토리를 들려달라는 요청이 종종 있었다. 그래서 회사를 다니며 틈틈이 취업에 어려움을 겪는 학생들을 위해 강연이나 상담을 통해 도움의 메시지를 전하고 다녔다. 잠잘 틈도 없이 바쁜 생활에 치이기도 했지만, 취업에 성공하는 방법을 모르고 고생하는 이들이 너무도 안타깝게 보여 멈추고 싶진 않았다. 그러나 남의 생각을 바꾸고 내가 알려주는 방법대로 실천하게 만드는 것이란 결코 쉬운 작업이 아니었다.

개인적으로 친한 후배 한 명을 상담해 줄 때도 그랬다. 계속되는 불합격에 그냥 죽어버리고 싶다며 농담조로 이야기하는 그의 푸념에 마음이 쓰라려 '하고 싶은 일부터 찾아보라'고 조언도 했지만 동기는 쉽사리 부여되지 않았다. 얼마 안 있어 또다시 탈락 소식을 전해온 그는 대뜸 나를 찾아와 눈물을 뚝뚝 흘렸다. 행동으로 옮겨지지 않는다며 목이 잠긴 목소리로 호소했다. 안타까웠다. 그렇다고 회사를 다니는 내가 '전담마크'를 해서 알려줄 수도 없었다. 동기부여를 하는 것이 어렵다고 느낀 건 이뿐만이 아니었다. '기업의 이해'라는 대학과목 첫 수업에 초빙되었을 때도 마찬가지였다. 처음에는 그저 내가 이뤄낸 합격 결과를 신기하게 보다가 이내 관심을 끊는 이들이 보였다. 확실한 방법임에도 행동으로 옮길 것 같아 보이지 않으니 힘이 빠졌다. 왜 관심이 없는지 오히려 내가 더 궁금할 정도였다.

그러던 어느 날이었다. 한때 나를 찾아와 눈물까지 흘렸던 그 후배가, 마치 합격이라도 한 듯 들뜬 목소리로 내게 이런 말을 하는 것이었다.

"이제 취업에 합격하는 방법을 알았어요. 자소서만 잘 쓰면 되더라고요!"

"응…?"

아찔했다. 그것 말고도 엄청나게 많은데. 누가 그러냐고 묻자, 그는 이렇게 답했다.

"책에서 그러더라고요. 이 책의 작가 말대로 한 번 해보려고요."

망치로 머리를 한 대 맞은 기분이었다. 그렇게 말해도 행동에 옮길 기미조차 보이지 않았던 그가, 고작 책을 보고 실천할 생각을 하다니. 즉시 그 책을 살펴보았다. 맞는 내용도 있었지만 심지어 아니다 싶은 이야기도 있었다. 심지어 저자 본인은 취업에 제대로 성공도 하지 못했다. 그저 '잘된 몇 사람을 봐보니 이렇게 했더라'라는 정도였다. 고작 이 정도 수준에 동기부여를 받다니. 그런데 가만 보면 나도 책을 통해 동기부여를 받았던 것 같았다. 그저 필요한 정보를 얻으려고 할 때가 아니라 인생길에 대해 고민하던 시기, 책을 통해 동기를 받고 행동으로 옮겼던 기억이 떠올랐다. 구시대적 유물이라 생각했던 나조차 책을 통해 인생의 기로에서 많은 도움을 받았었다.

'그래, 책을 쓰자. 나만의 경험과 깨달음을 담은 책을 통해 취업에 어려움을 겪고 있는 이들에게 힘을 주자.'

내 삶에 가장 건설적인 결단의 순간이었다. 야근을 밥 먹듯이 하는 바쁜 회사일정 탓에 할 수 있을까 걱정도 됐지만 수많은 취업 준비생들이 내 방법을 실천할 것이라는 뿌듯함이 나를 설레게 만들었다. 그렇게 나는 책을 쓸 궁리를 시작했다. 참 웃긴 일이다. 책을 폄하하던 내가 책을 쓰려는 결심을 했다니. 나도 놀랐었다. 하지만 그렇게도 말을 듣지 않은 후배가, 고작 책을 보고 행동으로까지 옮긴 것을 보니 책의 위력을 새삼 느낄 수 있었다. 책에는 작가의 영혼이 담겨있다. 한 글자 한 글자에 신념과 책임이 녹아있다. 무엇보다도 깨달음이 담겨있어 독자로 하여금 동기부여를 할 수 있다는 점이 가장 매력적인 부분이다.

책 쓰기 결심을 한 후 어떻게 써야 할지 고민을 했지만 막상 책을 쓴다는 건 그리 쉬운 작업이 아니었다. 무엇보다도 어디서부터 시작해야 할지 막막했다. 그래도 맨땅에 헤딩하는 격으로 무작정 써보기 시작했다. 의지만 가지고 샘플 원고를 만들어 도중에 출판사와의 계약에 성공하기도 했지만 도중에 계약을 파기당하기도 했다. 그래서 여태까지 무언가를 성취했을 때 그랬듯이 업그레이드 법칙의 초심으로 돌아가, 마음을 가다듬고 다시금 시작했다.

먼저 나의 부족한 점을 분석했다. 그리고 시중의 책 쓰는 방법을 담은 작가들의 경험을 흡수하기로 했다. 각종 책을 쓰는 방법을 전파하는 사람들의 특강을 들어보기도 했다. 시중의 책을 참고해 책의 콘셉트부터 목차 그리고 집필 방법까지 나만의 방법대로 분류하여 연구도 했다. 그저 질주하는 것보다는 어떻게 해나가야 할지를 내 머릿속에서부터 상세히 그려나갔다. 그렇게 내가 세운 방법은 다음과 같았다.

▰ 한 달 안에 책 쓰기 비법

첫째, 장르에 맞는 책 제목을 정하고 목차를 만들기. 각각의 제목은 각종 카피 문구를 참고해서 매력적이게 만들기.

둘째, 목차는 커다란 장들로 구성하고 각 장 들마다 일정 개수의 소제목을 구성하여 장들 간 분량이 비슷하게 만들기. 그리고 이들 사이에 기승전결의 흐름을 만들어 연계성을 살리며 내용을 재미있게 구성하기(나의 경우는 5장 구성에 하나의 장마다 약 8개의 소제목으로 구성했다).

셋째, 각 장 내 소제목에는 나만의 이야기를 풀어서 독자에게 내가 하고 싶은 말을 효과적으로 전달하기.

그렇게 제대로 계획을 세운 나는 이에 맞게 집필을 시작했고 수많은 책을 참고하며 필력을 늘리고 목차에서 구상한대로 하나씩 써나갔다. 그렇게 1개월 만에 책을 써낼 수 있었다. 그리고 계약에 성공도 했다. 예전과는 달리 더 좋은 출판사와 더 좋은 조건을 받고 더 이상 파기라는 단어도 없이 말이다.

많은 이들이 내게 어떻게 1개월 만에 책을 쓸 수 있었냐고 물어본다. 그럴 때마다 나는 마감시간의 원칙을 사용했다고 답한다. 가령 마감 시간이 주어지면 편집자는 대략 그 시간쯤에 정해진 원고를 받아 검토를 한다는 것에서 비롯된 말이다. 미리 시간을 정해 놓으면 그것에 충분한 주의를 기울일 수 있다. 이것이 꿈을 바탕으로 한 업그레이드 법칙의 힘이다. 물론 책을 쓰기가 그리 쉽지만은 않다. 쉬우면 누구나 작가가 되었을 것이다. 하지만 나는 누구나 작가가 될 수 있다고 말할 수 있다. 아무것도 아닌 내가 작가가 되었으니 말이다. 제대로 된 의지를 담은 꿈과 내가 세웠던 것과 같이 상세한 계획이 있으면 당신도 책을 낼 수 있다.

책에는 저자의 영혼이 담겨있기에 글이 권위라는 모습으로 재현된다. 그래서 읽는 이들로 하여금 동기부여가 가능하다. 인생에 한 번쯤 해볼 만한 일이다. 물론 책을 쓰는 것이 쉬운 작업은 아니다. 하지만 제대로 된 의지와 이를 이룰 계획이 있으면 그리 불가능한 것도 아니다. 세상에 책을 낸 사람이 1억은 넘을 것이다. 그들도 처음에는 무지했다. 굳이 책 쓰기가 아닌 그 무엇이라도 당신이 원하는 것을 뒤쫓을 때는 '안 된다'는 대답을 무시하고 넘겨라. 업그레이드 법칙의 전제는 누군가의 우려를 수용하는 것이 아닌 자신의 꿈을 기반으로 원하는 바를 이뤄내는 것이다. 책을 쓰자는 목표부터 세워보면 목표가 당신을 세울 것이다. 그 후 부족한 점을 찾고 이를 메울 학습 그리고 자신만의 방법을 찾아라. 그리고 마감 시간을 선포한 다음 실행에 옮겨보자. 그럼 당신도 금방 책을 쓸 수 있다.

기업의 미래를 책임지는 핵심인재가 되다

　핵심인재란 기업의 생존과 지속적인 성장을 위하여 반드시 필요한 인재로서 구체적으로는 기업의 핵심역량을 형성, 유지, 발전하는데 관여하는 주요 인적자원을 뜻한다. 주요 선진국과 선진 기업들은 핵심 인재들을 보유하기 위해 정부와 기업 차원에서 상당한 노력을 기울이고 있다. 심지어 매일경제신문과 인사 컨설팅 분야의 1위 머서 매니지먼트 컨설팅은 '3만 달러 한국 80만 핵심인재를 키웁시다.'라는 주제로 국민보고대회를 연 바가 있을 정도다. 나는 회사를 다닐 때마다 늘 핵심인재였다. 군 복무 대신 처음 다닌 회사에서는 신규 매출을 확보하는 신사업 아이템 발굴 담당, 모두의 예상을 깨고 취업에 성공한 컨설팅 회사에서는 회사 이익의 중심인 컨설턴트로 살며 회사의 지속적 성장을 책임졌다. 그 과정에는 모두 업그레이드 법칙을 활용했고, 이는 내가 이직한 두 번째 회사에서도 마찬가지였다.

작가로 데뷔 후 취업에 어려움을 겪는 학생들을 돕다 보니, 어느새 다시 내 커리어로 복귀할 시간이 찾아왔다. 일전 잘 다니던 컨설팅 회사를 떠나며 '어디 한번 마음껏 도와보자'고 결심하며 계획한 1년여 간이란 시간이 훌쩍 지나갔다. 천 명 이상이 내 조언과 코칭을 거쳐 갔고 대다수가 합격이라는 기쁜 결과를 맞이했기에, 나름 보람찬 시간이었다. 다시 내 '꿈 라인'으로 돌아와 내가 나아가야 할 방향을 점검했다. 빠르게 네트워크를 쌓으며 다양한 지식을 얻을 수 있는 컨설팅 회사에 들어가 우선 소기의 목적을 달성했다. 내 중간 꿈인 사업가로 나아가려면 그럼 무엇을 해야 할까 생각했다. 그러니까 내가 무엇을 더 갈고 닦을까 찾아보았다. 컨설팅 회사에 있을 때 나는 인터넷 기반의 서비스 영역에서 10개가량의 프로젝트를 경험했다. 통신사부터 구글 같은 인터넷 회사의 프로젝트까지 나의 경험 영역을 다시 점검해본 결과 가야 할 길은 자연스레 나올 수 있었다.

'인터넷 서비스를 하는 IT회사의 현업으로 가자. 직무는 신사업 개발로!'

그리고 나선 IT회사 신사업 기획으로 나의 다음 회사를 찾아보았다. 이내 곧 헤드헌터를 통해 제안이 여럿 들어왔고 내가 원하는 방향과 부합하는 회사를 골라 면접을 보러 다니기 시작했다. 참고로 이직은 첫 취업과 다른 부분이 많아서, 이전 커리어만 잘 쌓아놓고 몇 가지 방법만 알면 전혀 어렵지 않다. 그때 마침 판교에 있는 한 회사에서 이직 제안을 받게 되었고, 면접을 보며 면밀히 검토해본 결과 이 회사의 신사업 개발팀으로 합류하기를 결심했다. 그 회사는 바로 과거 네이버와 하나였던 NHN엔터테인먼트라는 회사였고, 들어가서 내가 맡게 된 신사업은 'PAYCO'라는 서비스였다. 그러나 처음부터 시작이 순탄치가 않았다. 시장을 새롭게 정의하고 만든 사업인지라 기존 카드사, PG사, VAN사에서 하던 사업구조를 알고 이에 덧붙여서 어떻게 사업을 전개해 나갈지에 대한 고민이 필요했다. 결제 산업에 속한 다양한 지식이 필요했지만, 내가 쌓아온 경험과 지식은 영역과 상당 부분 달랐다. 업무 초반에는 '아직 배경과 현실을 너무 모른다.'며 팀장님에게 모진 소리까지 듣기도 했다. 나는 초심의 자세로 돌아가 나의 현실을 파악하고 내가 부족한 점을 찾아보기로 결심했다. 부족한 게 너무나도 많았지만 나는 담대하게 나의 현실에 대해 알아차리는 것부터 시작했다.

'PAYCO'는 온라인과 오프라인 환경에서 사용자에게 간편한 결제 경험을 제공하는 서비스다. 여기에서 모인 회원과 데이터를 기반으로 다양한 커머스 플랫폼으로 도약하려는 방향을 갖고 있었고, 나 또한 이 방향이 옳다고 확신했다. 하지만 내가 생각한 확신을 검증하기 이전에 내가 아는 게 너무나도 부족했다. 그래도 이런 상황은 이미 매번 새로운 영역을 알고 성과를 내야 하는 컨설팅 회사에서 익숙했던 환경이었다. 나는 빠르게 업무를 따라잡기 위해 부족한 부분을 알아차리는 것부터 업그레이드 법칙을 활용하기 시작했다.

부족한 점을 알아차리기 위해, 먼저 내가 이 사업을 진행하려면 무엇을 알아야 하는지부터 나열해보았다. 그다음 내가 알고 있는 부분과 모르는 부분을 진단해 보았다. 그렇게 정리하다보니 다음과 같이 의외로 쉽게 정리되었다.

▌내가 몰랐던 것들

❶ PAYCO와 경쟁사 서비스에 대해 몰랐다.
❷ 간편 결제가 시장에 나오기 전까지의 기존 사업자에 대해 몰랐다.
❸ PAYCO의 방향대로 사업을 확장할 때 협업 가능한 유관 사업자에 대해 몰랐다.

  내가 합류했을 당시 조직에는 기존 결제 산업에 있던 사람들이 대다수였다. 우선 다른 사람들은 나보다 최소 한 개에서 두 개 영역은 더 알고 있었다. 그래서 기본적인 대화에서부터 말이 잘 안 통했던 것이었다. 수익구조가 뭐고 원래 기존 시장의 정책이나 동향들이 뭔지, 잘 나가는 회사는 어디고 지금 어떻게 하고 있는지도 모른 상태에서 일을 하려 드니 당연한 결과였던 것이다. 그 후로부터 나는 열심히 공부했다. PAYCO라는 서비스가 왜 만들어졌고 어떤 사상이 들어가 있는지 그리고 어떻게 구성되어 있는지 다방면으로 학습을 시작했다. 이와 동시에 경쟁사는 어떤지 PAYCO를 이해하는 동일한 틀을 가지고 살펴보았다.
  PAYCO와 경쟁사 서비스 모두를 핸드폰에 설치해 놓고 항상 켜놓고 어떻게 되어있는지 들여다보았다. 매일같이 뉴스를 찾아보며 각각의 방향은 어디로 흘러가는지 지켜봤다. 각 서비스들의 장단점도 분석해 보기도 했고 각 서비스가 온오프라인 영역에서 어디까지 안착됐는지 조사도 했다. 어떤 방향으로 나아가야 할지 나만의 생각도 정리해보며 가정과 틀린 현실을 알아차려 나갔다. 간편 결제가 시장에 나오기 전까지의 기존 사업자에 대해선 주변 동료를 붙잡고 늘어짐을 통해 해결했다. 질문들을 노트에 적어놓고 식사를 하거나 퇴근을 같이하는 시간에 내 궁금증을 해소했다. 그러면서 PAYCO의 방향대로 사업을 확장할 때 협업 가능한 유관 사업자(기존 사업자의 회사에 있던 사람들은 대체적으로 유관 사업자에 대해 알고 있는 사람들이 꽤 있었다)에 대해서도 알아나갔다.

그렇게 3개월 정도 시간이 지나니 서서히 말이 트이기 시작했다. 더 이상 예전처럼 무슨 말인지 생각하지 않아도 이해가 되었다. 그래서 단계를 옮겨나갔다. 어떻게 하면 이 서비스가 잘 진행될지 고민하는 단계로 말이다. 이때 나는 'PAYCO 존'이라는 지역단위 PAYCO 오프라인 결제 서비스의 확장 및 활성화라는 역할을 맡고 있었고 내가 부족한 것들을 채워나가며 정리한 생각을 큰 흐름에 맞춰 하나하나 실행해 나가기 시작했다. 그렇게 'PAYCO존'이 열린 곳은 바로 대학교였고 그 결과는 성공적이었다. 다양한 할인혜택을 제공하는 PAYCO가 상대적으로 경제력이 낮은 20대 학생들에게 적격이었고 그런 대학생들은 다른 연령층 대비 모바일 앱에 익숙했기 때문이다 (아직 국내에서는 모바일 기반의 결제가 활성화되지 않았었기에 특정 지역과 타깃을 잘 선택하는 게 관건이었다).

이외에도 프렌차이즈 기반의 오프라인 서비스 확장이란 역할을 함께 병행하고 심지어 필요하면 영업도 진행하면서 쉼 없이 도전한 결과 2016년 가입자 600만 명이라는 성과를 창출하는데 기여할 수 있었다. 그리고 나선 나는 이런 성과에서 인정을 받고 그룹의 미래 전략을 책임지는 'NEXT전략팀'이라는 회장님과 부회장님의 직속 조직으로 편성되는 결과를 만들 수 있었다. 업그레이드 법칙을 활용하고 6개월 안에 도출된 결과였다. 6개월 동안은 정말이지, 야근의 연속이긴 했다. 밤 12시 퇴근이 일상이었다. 업무가 몰린 금요일은 새벽에 가는 경우도 있었다. 그렇지만 내가 원하는 꿈을 기반으로 세운 방향에 적합한 회사로 들어갔고 내 앞에는 배움을 통해 성장할 수 있는 환경이 있었기에 매일이 즐거움의 연속이었다. 업그레이드 법칙은 어디에서든 간에 사용할 수 있다. 당신이 학생이든 회사를 다니든 혹은 자신의 회사를 운영하든 간에 전 영역에서 적용된다. 비단 커리어뿐만이 아닌 자신의 삶에서도 그리고 건강에서까지 적용할 수 있는 법칙이다.

혹시 당신의 커리어에서 핵심인재로 나아가고 싶다면 지금 즉시 활용해보라. 이 법칙은 당신을 움직이는 삶의 원동력이 되어 고된 회사생활이 활기찬 생활로 바뀌며 당신을 성장시켜 줄 것이다.

당당한 홀로서기,
세상의 중심에 서다

"우리 세대는 평생직장이란 개념이 사라졌어요. 그런데 100세 시대잖아요? 그래서 평생직장 대신 평생커리어를 가져야 해요! 그래서 자신의 역량이 무엇보다 중요한 시대입니다."

강연을 갈 때마다 내가 늘 하는 말이다. 우리 시대는 정말 역량이 중요하다. 자신만의 필살기를 만들어 평생 먹고 살 수 있는 기반을 갖추는 것, 그게 바로 우리 세대에서 풀어야 할 숙제다. 나도 이 숙제를 풀기 위해 역량을 키워왔고 지금도 키워가고 있다. 처음 멋모르는 댄서로 시작한 꿈 여정은, 지금까지 살아오면서 방향이 180도 바뀌었다. 무심코 시도한 원 킥이 멋져 보인다는 친구들의 칭찬으로 5년간 준비했다가 포기한 기억은 늘 머릿속에 남아있다. 잘못된 꿈이 가져온 부작용을 몸소 느꼈기에, 올바른 꿈의 중요성은 내 삶의 지표 중 하나로 자리매김했다. 당시는 참패한 심정이었지만 그 덕분에 진정으로 원하는 꿈을 찾는 것이 중요함을 깨달을 수 있었고 지금까지 올 수 있었다.

  일류의 길을 걸어온 자들을 따라해 보자고 마음먹은 순간도 떠오른다. 그 대단한 피터 드러커조차 자신이 누구인지, 어떻게 살고 싶은지, 이를 위해서는 무엇을 해야 하는지 질문을 던지며 일류로 나아갔다. 이를 보며 나 자신에 대해 더 알아나가는데 많은 노력을 기울였다. 그 후, 무작정 일류를 좇기보단 내 꿈부터 찾아야 함을 다시금 인지하고 다양한 경험을 통해 나를 알고 내 꿈을 찾아갈 수 있었다. 이런 과정이 있었기에 나는 내 인생의 빅 픽처를 그릴 수 있었다. 그리고 발견한 일류로 나아가는 법, 그러니까 '업그레이드 법칙'을 통해 꿈을 기반으로 목표를 세운 다음 부족한 점을 보강하고 목표를 이룰 방안을 생각해내어 원하는 바를 성취할 수 있었다.

  업그레이드 법칙은 내 삶의 많은 부분을 변화시켰다. 외국에도 안 나가고 영어를 정복했고, 취업도 했다. 엄두도 내지 못할 프로젝트를 수주하고, 잠시 회사를 나와 취업에 어려움을 겪는 누군가를 일류로 바꿔나가는 일도 했다. 소망 중에 하나였던 책 쓰기도 해냈으며, 세상에 목소리를 전하는 칼럼니스트도 했다. 다시 잡은 두 번째 직장에서는 최단기간 승진과 회사 핵심부서로 안착도 하며, 나의 역량을 가지고 세상에 당당히 홀로서기를 했다. 지금도 나는 나의 인생에서 일류로 나아가기 위해 다음 여정의 방향을 잡고 업그레이드 법칙을 통해 오늘도 에너지 충만한 하루를 살아가고 있다.

  나는 업그레이드 법칙의 위대함을 느낀다. 누군가가 만들어준 꿈이 아닌, 진정 내가 원하는 꿈을 찾을 수 있게 도움을 준다. 그 때문에 강력한 동기가 생겨나고 이를 바탕으로 목표를 세울 수 있다. 목표 대비 부족한 점을 알아차리고 끊임없이 학습하며, 목표를 이룰 수 있는 방안을 찾을 수 있고 원하는 바를 이룰 수 있게 도움을 준다. 선택과 집중을 통해 도전하기에 효율적인 성취가 가능하다. 물론 이 법칙을 발견한 건 내가 처음이 아닐 것이다. 그저 공론화되어 있지 않거나 다른 형태로 알려졌을 것이다. 다만, 나의 경험을 바탕으로 발견한 이 법칙을, 인지하고 실천했기에 목표를 성취할 수 있었고 내가 세상에 당당하게 홀로 설 수 있는 역량을 만들어가는 데 많은 도움을 주었다.

현재 나는 역할이 여러 개다. 회사에서 일을 하고 있고 자기계발 작가로 책을 쓰고 있다. 사회에 목소리를 전하는 칼럼니스트도 하며 강연도 다닌다. 여러 역할은 내 삶에서 시너지를 가져다준다. 내가 알고 있는 것이 누군가에게 도움이 되고 동시에 나의 인적 네트워크 또한 자연스레 넓어지고 있다. 누군가는 내게 '어떻게 여러 일을 동시에 할 수 있냐'고 묻기도 한다. 하나의 일에 집중하지 못하지 않느냐며 걱정도 한다. 그럴 때마다 나는 아니라고 답하며 웃어넘긴다. 왜냐하면 정말로 각각의 일들은 서로의 영역을 침범하지 않는 선에서 순조롭게 이뤄지고 시너지를 발휘하기 때문이다.

언뜻 보면 내가 하는 여러 일이 서로 다른 별개의 일처럼 보이지만 한 줄기 안에 속해있다. 미래로 나아갈 빅 픽처를 그리면서 정했던

'단기간에 적극적으로 지식과 네트워크를 쌓는 사람이 되자'는 나의 첫 번째 여정 말이다. 결국 하나의 일을 하고 있는 셈이다.

다른 누군가는 내게 이렇게 묻기도 한다.

"그렇게 일만 하면 삶이 너무 피폐하지 않을까요?"

나는 마냥 일만 하지 않는다. 내 신조는 '놀면서 하자'다. 나는 일정을 효율적으로 관리하는데 많은 노력을 들이고 하루하루의 시간을 소중하게 쓰기 위해 최대한 노력한다. 그리고 놀 수 있는 시간을 꼭 마련한다. 모든 성취에는 스트레스 관리가 필수다. 모든 건 의지에서 이뤄지는 것이니 말이다.

우리 시대는 100세 시대다. 평생직장이란 개념이 사라졌기에 언젠가는 회사의 힘을 빌리지 않고 자신의 능력만으로 밥벌이를 할 수 있어야 한다. 그렇기에 자신만의 전문성을 키우고 계속해서 발전시켜나가야 한다. 그렇지 않으면 조직의 힘으로 살아갈 수밖에 없다. 나이 먹으면 어디서 써주지도 않는다. 수많은 사람들이 조직 안에서는 폼을 잡을 순 있지만, 떠나는 순간 아무것도 아닌 경우가 대다수다.

조직의 힘으로 사는 것에 익숙해진 사람들은, 은퇴 후에도 누군가가 만들어 놓은 또 다른 시스템 속으로 빠져든다. 대표적으로 프랜차이즈 창업이 있다. 돈을 내고 회사에 다니는 것과 다를 점이 없다. 바꿔 말하면 내 의지대로 무언가를 실행할 수 없고, 또 다른 조직의 힘으로 살아간다는 말이다.

홀로 설 역량이 없는 이들의 대다수는 여기에 퇴직금을 투자하고 그중 80% 이상이 말아먹는다. 회사에서 쌓은 지식과 경험을 버리고 완전히 새로운 일에 도전하는 것이니 실패할 확률이 높을 수밖에 없다.

언젠가 찾아올 은퇴를 위해서라도 자신이 하고 있는 일에서 전문가가 되어야 한다. 높은 수준의 전문성을 가지기 위한 노력이 필요하다. 노력은 억지로 할 수 없고 자신이 원해야 실행에 옮길 수 있다. 그러려면 원론적인 얘기지만 꿈이 있어야 한다. 목표의 성취 여부는 동기에서 비롯되기 때문이다. 원하는 바에 도전하면 동기가 커져서 잘 될 확률이 높다. 그럼 은퇴 이후의 삶을 제대로 살 수 있다.

회사를 다니는 동안은 치열하게 일하고 공부하며 자신을 성장시켜야 한다. 그럼 동시에 조직에서도 당신의 역량은 자연스레 돋보이게 될 것이다. 그럼 당신이 어디에 속했든 당당한 홀로서기로 세상의 중심에 서서 입지를 다져나갈 수 있다.

홀로서기를 준비하자. 살면서 언젠가 때가 올 때 자신의 역량으로 홀로 설 수 있을 수 있어야 한다. 그것이 내가 말하는, 삶에서 일류로 나아가는 방법이다. 꿈 이야기를 계속 반복하지만 반드시 꿈을 바탕으로 역량을 쌓아가자. 그렇지 않으면 일전 나와 같이 삼류가 되어버릴 수 있다. 제대로 된 꿈이 아닌 것에서 오는 동기는 바람이 불면 쉽게 꺼져버린다. 자신의 성향과 맞지 않기에 하나를 하더라도 효율적이지가 않다.

세상은 의식에 의해 만들어졌다. 지금 당신이 보고 느끼는 것들은 하나같이 당신이 그것을 원했기 때문에 생겨난 것이다. 그렇다면 지금보다 더 나은 것들을 원한다면 어떨까? 이와 함께 업그레이드 법칙을 적용한다면 당신의 미래는 분명 놀라운 속도로 달라지기 시작할 것이다.

자, 이제 일류로 나아가는 길을 걸어갈 준비가 되었는가. 업그레이드 법칙으로 제대로 된 꿈과 목표를 가지고 삼류를 벗어나 일류의 코스를 타고 빠르게 달려가 보자. 지금까지 다른 길에 있다면 이제는 일류의 길을 걸어갈 시간이 되었다.

4장

업그레이드 법칙의
8가지 실천기법

마음잡기: 나를 알기

　지금 살고 있는 당신의 삶에 만족하는가? 만약 그렇지 않고 더 나은 삶을 살아가고 싶다면 당신을 업그레이드해야 한다. 그게 정신적이든 물질적이든 간에. 나를 바꾸지 않고 내가 속해 있는 사회구조를 바꾸려고 한다면 효율성이 떨어지는 방법이다.

　지금 우리 눈앞에 보이는 문제들은 우리가 해결책이라고 생각한 것보다 더 깊은 곳 안에 존재한다. 그곳은 당신의 자아이며, 바꿔 말하면 당신의 마음이다. 당신의 마음 상태에 따라 삶이 바뀔 준비 여부가 결정된다. 나 또한 이런 마음가짐을 잡으려고 생각했던 시절이 있었다.

"그래서 넌 뭐하고 싶은데?"

20대 초반 동대문 쇼핑을 갔다 돌아오며 친구가 내게 건넨 말이다. 어떻게 살아야 할지 뭘 해야 할지 생각조차 없었던 내겐 매우 충격적인 한마디였다. 꿈을 좇다 실패한 내게 에너지를 다시금 불어넣는 결정적인 사건이었다. 그 후로부터는 나는 어떻게 살아야 하는 것일까에 대한 생각을 조금씩 시작했다.

그렇다고 당장 어떻게 살겠다는 답은 나오지 않았다. 그저 뭔가를 해야겠다는 생각 정도만 있었을 뿐. 그래도 삼류로 살았던 지난날을 뒤집기 위해 일류로 살아보자는 결심을 했다. 그리곤 일류가 무엇을 하는지 알아보기도 하며 내 삶의 방향을 찾아보았다.

하지만 일류가 된다는 것에 대한 답은 쉽사리 찾을 수 없었다. 모두가 다른 환경에서 다른 요인으로 일류가 되었다. 답을 찾지 못해 전전긍긍했지만 결국 방법을 발견했다. 일류로 나아가기 위해선 먼저, 나에 대해 알아가자는 것이었다. 그리고 여러 가지 경험을 하며 부딪쳐 보기로 했다.

이후 '어떤 경험을 해야 할까? 나는 어떤 사람일까?' 같은 질문을 하면서 끝내 다다른 것은 우선 내 삶을 어떻게 살아갈지부터 생각해보는 것이었다. 나는 내가 무엇을 좋아하고 무엇을 싫어하는지부터 알아나가며 나의 성향을 파악할 수 있었고 이는 내 삶의 형태를 형성하는데 많은 참고가 됐다.

나는 뭔가를 개선하는 것을 좋아했다. 20대 초반 아르바이트를 하면서 일하던 레스토랑의 신메뉴를 개발한 것부터 내 첫 직장, 그리고 두 번째 직장도 마찬가지 전부 뭔가를 개선하는 일이다.

경험한 바를 나누는 것도 좋아했다. 댄서라는 꿈을 몇 년간 붙들고 있었던 이유도 내가 연습한 결과물을 나누고 보여주는 것에서 느끼는 희열에서 비롯되었다. 책을 쓴 것도, 칼럼니스트가 된 것도 그런 이유와 관련이 있었다. 나는 무엇이든 간에 혼자 하는 것을 정말 싫어한다. 운동이나 여행, 식사 같은 일상부터 심지어 공부할 때까지도 혼자 하는 것을 좋아하지 않는다. 늘 사람들과 교류하며 해나가는 것을 좋아한다.

그리고 나선 내가 추구하는 삶을 적어보고 내 성향을 기반으로 내 삶의 균형점을 그려봤다. 동그란 원을 그려놓고 그 주위에 내가 삶에서 추구하는 것들을 적어놓은 다음 현재 어떤지 앞으로 어떻게 바꾸고 싶은지 파악해 보았다.

꿈은 자신이 추구하는 삶의 테두리 안에서 좇아야 한다. 내가 어떤 삶을 추구하는지를 알아보지 않은 채 그 균형 범위에서 벗어나 계획을 세운다면 목표달성의 걸림돌이 된다. 최소한 내가 감당할 수 있는 범위 내에서 해야 난관이 있어도 헤쳐갈 수 있다. 다음의 삶의 형태 찾기를 통해 자신의 지표를 그려보자.

삶의 형태 찾기

현재 당신의 삶의 형태와 앞으로의 원하는 형태를 그려보자. 지금 당장 생각이 안 나도 시뮬레이션한다 치고 실습해보자.

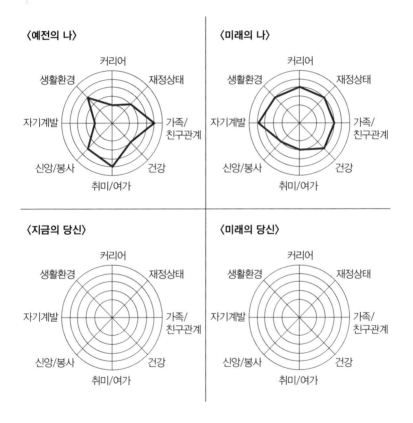

〈예전의 나〉

〈미래의 나〉

〈지금의 당신〉

〈미래의 당신〉

각각은 당신의 삶을 이루고 있는 요소다. 커리어, 재정상태, 가족/친구 관계, 건강, 취미/여가, 신앙/봉사, 자기계발, 생활환경의 요소 보고 당신이 얼마나 잘 수행해 왔는지 선을 그어보고 각 선의 끝 점끼리 연결해 보자. 현재 구성한 형태가 마음에 드는가? 아니라면 재구성해보라. 부족한 점은 무엇이고 잘 하고 있는 건 무엇인가? 변화할 삶에 형태를 확인하고, 이후 당신의 시간을 이 형태를 기반으로 사용하라. 나는 이런 삶의 형태를 점검하는 것을 통해 바꾸어 놓은 형태로 정말 살아가고 있다.

당장 원하는 삶의 형태가 떠오르지 않는다면 다음의 질문부터 답변해 보자. 이런 질문에서 당신이 바라는 삶의 형태의 단서가 흘러나온다.

삶의 형태 단서 찾기

❶ 나의 좌우명을 적어보자. 없으면 하나 만들어보자.

_____

❷ 내가 좋아하는 것과 싫어하는 것을 각각 한 가지씩 적어보자

좋아요
_____

싫어요
_____

❸ 언제 나는 기분이 가장 좋았는가? 왜 그랬나?

_____

불균형한 삶의 파이는 당신을 체하게 하며 조금씩 당신이 가야 하는 길에서 이탈하게 만든다. 만약 당신이 자신의 균형을 무시하고 나아간다면 언젠가 벽에 부딪히게 될 것이다.

이 글을 읽으며 '나는 세상에서 정해놓은 일류의 기준에 크게 못

미치는 사람이라서 이런 걸 해봤자 바뀔 게 없다고.' 생각하는 이들도 있을 것이다. 그렇다. 세상이 정해 놓은 기준에만 맞춰 판단한다면 어쩌면 2등급, 혹은 3등급쯤의 인간일 수도 있다. 그러나 내가 세운 기준에 입각한 나는 가능성의 한계가 보이지 않는 일류다.

상위 대학을 나오지 못하고 뛰어난 학점으로 졸업을 하지 못했다 해서, 세상이 그들이 정해 놓은 인재상에서 나를 제외시킬 수도 있다. 그러나 중요한 것은 당신의 마음가짐이다. 적어도 당신 자신은 늘 스스로에게 이렇게 말해 주어야 한다.

'나는 일류다. 무한한 가능성의 일류다.'

세상을 자세히 관찰해보라. 세상이 정해 놓은 성공의 기준에 크게 못 미치는 사람들이 무수히 많다는 것을 볼 수 있다. 그런데 중요한 건 '나는 일류다'라는 마음 하나로 자신 앞에 놓인 장애물들을 뛰어넘었다.

기아 자동차의 창업자 김철호도 한때는 막노동꾼이었다. 팬택의 사장 박병엽은 지방대 출신이다. 롯데그룹의 회장 신격호는 우유 배달을 하던 시절이 있었다. 광동제약의 사장 최수부의 학력은 초등학교 중퇴다. 현재 우리 사회를 이끌고 있는 리더들만 봐도 우리가 생각하는 것만큼 모두가 '세상의 기준'에 들어맞는 것은 아니다.

그들은 학벌, 나이, 돈, 집안, 신체조건 따위로 자신의 가치를 판단하지 않았다. 그들은 자신의 마음가짐을 믿었다. 그래서 자신감, 잠재력, 용기, 통찰력, 의지력 등의 산물이 그들을 도왔다. 일류로 나아가는 삶의 출구는 바로 당신의 마음가짐에 있으며, 모든 해답과 성공도 이미 당신 안에 있다.

  세미나를 가면 강사 바로 코앞인 맨 앞줄 자리는 대체로 비어 있다. 빈자리에 앉는 사람은 결코 우등생이 아니다. 다만 갑작스러운 강사의 질문에도 "잘 모르겠습니다."라고 솔직하게 대답할 수 있는 용기가 있는 사람이다. 그리고 보통 이런 이들이 성취도 측면에서 높다. 이런 사람의 대다수는 성취하고자 하는 마음가짐이 있다. 그리고 남들과 똑같은 길을 달리지 말자. 우리는 인생의 경주마가 아니다. 의미가 없고 효율도 없다. 자신의 삶의 형태를 찾아서 내게 맞는 길을 가야 한다. 그럼 경주마가 아닌 산책을 하는 기분일 것이다. 자신의 삶의 형태를 바탕으로 함께 일류로 나아가보자.

경험 쌓기: 꿈 기초공사

　쉽게 살려고 해본 적도, 과거를 후회하며 산 것도 아닌데 여전히 너무 높기만 한 현실의 벽. 아무리 넘어보려 해도 높이조차 보이지 않고, 세상은 그런 사람들을 그저 의욕만 가진 이상가로 몰아가며 꿈같은 건 버리라고 부추긴다. 요즘 사회의 단편적 모습이다. 이렇게 보면 꿈을 가지는 건 바보 같은 짓인 것만 같다.

　그러나 꿈을 가져야 벽을 뛰어넘을 수 있는 건 틀림이 없다. 단지 벽의 높이가 가늠이 가지 않았을 뿐. 그 벽을 넘고자 하면 꿈을 가지는 것이 가장 빠른 지름길임은 시대를 통틀어서 변하지 않는 진리다. 벽을 뛰어넘은 다른 사람들도 그리고 나 또한 그랬다. 꿈을 버리라는 분위기가 나온 경위는 내 생각엔 이렇다. 꿈을 찾는 방법을 잘 모르기 때문에, 꿈을 찾는 과정이 쉽지 않기에 그런 거다. 꿈을 찾으려면 나에 대해서부터 알아나가야 하는 장기적 시간이 필요하기 때문이다.

되돌아보면 난 운이 좋았다. 어릴 때 일했던 마트 수산코너에서 꿈대로 삶을 살아야겠다는 결심을 했으니. 내게 생선 죽이는 법을 알려 준 실장님의 급작스러운 해고는 그 당시 정말 충격이었다. 저항조차 못 해보고 잘려나가는 모습을 직접 봤다. 내 꿈을 찾고 역량을 잘 키워놓아야겠다고 다시금 결심했던 순간이었다. 나는 꿈을 찾기 위해 여러 가지 경험을 했다. 어릴 적부터 숱한 아르바이트를 하면서 많은 나의 성향을 알아나갔다. 특히 예전 일했던 레스토랑에서 김치볶음밥 메뉴를 개선하며 매출부진을 해결했던 일로, 내가 뭔가를 개선하는 것을 좋아한다는 단서를 얻기도 했다.

다양한 관점을 길러보자며 외국 친구들과 자취한 것도 좋은 경험이었다. 인도 친구를 통해 장례식에서는 기뻐해야 한다는 것, 태국 친구를 통해 왕족 애완견에게는 욕도 할 수 없다는 것 등을 보며 다양한 사고를 이해하는 자세를 배웠다. 군대 대신 지원한 병역특례 또한 소중한 경험이었다. 역량의 중요성을 깨달을 수 있었다. 준비 과정에서 스트레스로 무너질 뻔도 했지만, 반드시 해내겠다는 일념으로 극복할 수 있었다. 결국 남들보다 빠른 사회생활을 경험하며 역량을 키울 수 있었다.

일본의 배낚시 레스토랑을 보고 신선함에 충격을 받고 세계로 떠나보기로 한 것은 내 삶에서 신의 한 수였다. 직장인이 된 지금에 와서는 쉽게 경험할 수 없을 것이다. 이 덕에 일본만의 독특한 사업성부터 몇백 년의 보존된 문화를 기반으로 하는 유럽의 관광 사업까지 보며 내가 하고 싶은 일에 대한 단서를 찾았다.

분명 떠나지 않았으면 이토록 다른 세계가 있다는 것을 알 수 없었을 것이다. 일류가 되자며 나를 알기 위해 나를 찾아 떠난 몇 년간의 여정은 둘도 없는 소중한 시간이었다. 이를 통해 나는, 내가 추구하는 삶의 형태가 옳은 것인지 확인하며 나에 대해 알아 갈 수 있었다. 특히 최종적으로 나의 꿈을 찾는 데 수많은 단서를 얻었다. 경험할 때는 꿈과 연관 지어 해보자. 무턱대고 아르바이트를 하는 것, 그저 여행을 가는 것보다 훨씬 효율적이고 보람차다. 그리고 찾아낸 꿈대로 살아가면 일류로 나아갈 수 있다. 제대로 된 꿈을 찾아 원하는 삶을 살아나가길 바란다. 원하지도 꿈을 좇으면 예전 내가 실패한 댄서의 길처럼 비극적 결말이 날 수도 있다. 황금 같은 시간을 제물로 바쳤으니 부디 제대로 된 꿈을 찾고 내 인생에서 일류의 삶을 살아가자.

· 경험 계획 세우기

당신이 원하는 경험리스트와 실행 계획을 세워보자. 당신의 꿈을 찾기 위한 목적으로 쌓은 경험을 생각해보자. 사소한 거라도 상관없다. 경험 계획을 작성할 때는 목적을 함께 적어보자. 목적을 적으면 당신이 써 놓은 경험이 당신의 꿈과 부합한 것인지 다시 한 번 점검할 수 있다. 그리고 대략의 실행 시점을 정해보자. 그저 쓰고만 끝나버릴 수도 있으니 말이다. 그리고 그중 하나를 골라 당장 실행해 보

자. 다시 말하지만 여기는 연습이니 어떤 것이든 시범 삼아 써보자.

경험계획표

경험	목적	실행 시점

당장 실행할 계획은 무엇인가? 다시 한 번 써보고 실행에 의지를 다지자.

_____

만약 당신에게 환경적 제약이 있다면 이 경험 계획을 직접이 아닌 '간접 경험'의 형태로 구성해보는 것도 하나의 방법이다. 가령 나이가 들면 할 수 있는 경험들이 굉장히 줄어들게 된다. 10대와 20대는 하고 싶은 것들을 마음껏 할 수 있는 시간이 있다. 그러나 30대부터 그 이상으로 갈수록 한계가 생기기 시작한다. 사회적 의무와 책임이 나를 조여오기 때문에 마음껏 행동하는 것에 제약이 생긴다.

물론 모든 상황에 적용된다는 건 아니지만 일반적으로 나이 먹고 다양한 경험을 하려면 고려해야 할 것들이 많다. 학비, 회사, 내 집 마련, 차, 대출, 자녀 육아, 가족의 생계, 부모님 지원 등 다양한 경험을 쌓기 위해 나를 던지기에는 리스크가 존재한다.

그럴 때는 간접 경험이라도 하자. 시간을 최대한 절약하고 내 꿈을 찾는 좋은 방법 중에 하나다. 관심 있는 분야가 있다면 이를 경험한 사람의 책을 읽어보자. 그리고 시간이 허락할 때 그 경험을 직접 지켜보자. 직접 경험하는 것만큼은 아니지만 어느 정도 효과가 있다.

책을 읽는 것도 방법이고, 방송 프로그램을 통해 찾아보는 것도 방법이다. 그들의 현장을 찾아가는 것도 좋다. 이런 간접경험을 하면 시간이 제약된 환경에서도 경험을 쌓으며 내 꿈을 찾을 수 있다.

삶에서 일어나는 모든 방황과 고민은 자기 자신이 무엇을 해야 할지 모를 때 일어나는 법이다. 계획과 경험, 그 무엇 하나 이룬 것이 없는 당신이라도 모든 변화는 내가 나, 자신을 아는 순간부터 시작하는 것을 잊지 말아야 한다.

우리는 실제로 경험해보고 실행으로 옮기기 전까지 자신이 어떤 능력을 가지고 있는지 알지 못한다. 자신이 얼마나 무한한 가능성을 지닌 존재인지 깨닫지 못한다. 이 지구별에 온 목적, 당신의 진짜 꿈을 찾으면 세상이 정해놓은 한계라는 틀에서 벗어나 무한한 능력을 가지고 일류로 나아갈 수 있다. 이는 당신의 삶에 만족이란 결과로 돌아온다. 한 번 스스로에게 질문해보자.

"내 삶의 소명은 무엇일까?"

질문을 던지며 당신의 내면이 반응하는 모습을 느껴보자. 당신의 꿈을 찾기 위해 다양한 경험을 해보자. 그리고 단서를 찾고 당신의 꿈을, 살아가는 목적을 찾아보자. 그럼 머지않아 당신은 꿈을 찾고 당신 안에 깃들은 무한한 잠재력이 현실에서 발휘될 것이다.

꿈을 찾기: 도약을 준비하기

〈엘리노어 루즈벨트 스토리〉라는 영화를 봤다. 전 미국대통령 루즈벨트의 부인이자 인권분야에서 활약한 엘리노어 루즈벨트(Anna Eleanor Roosevelt)의 이야기를 다룬 것이다. 그녀는 미래에 대해 다음과 같이 인상 깊은 말을 했다.

"미래는 자기 꿈의 아름다움을 믿는 것이에요!"

이는 나의 신조이기도 하다. 나 또한 그녀가 말한 것처럼 믿어왔고 내가 나아갈 미래를 설계할 수 있었다.

"도요타!"

친한 동생과 학교 운동장 계단에서 맥주를 마시다 나온 내 탄성이었다. 도요타는 내게 특별한 존재다. 그 동생이 한창 공부 중이라며 내게 언급한 도요타의 '왜를 다섯 번 외쳐서 문제를 해결하는 기법'은, 내 꿈을 설계하는데 영감을 주었다.

나는 내 마지막 삶에서 사회에 기여하는 사람이 되고 싶었다. 자기계발을 무료로 할 수 있게 제공하는 재단을 만들자는 것이었다. 모두가 100세 시대를 살아가기 위해 평생 동안 먹고 살 수 있는 역량이 있으면 좋겠다는 바람에서였다. 모든 이가 평생커리어를 쌓을 수 있는 기반을 만들어주고 싶었다.

그러려면 중간에 이런 재단을 차릴 수 있는 사람이 되어야 했다. 경제적 능력도 가져야 하고 방대한 네트워크도 필요했다. 그렇게 생각하니 떠오른 것은 사업가였다. 꼭 사업가가 아니어도 상관없었을 수 있지만 재단 설립을 위해서는 성공한 사업가가 되어야 한다고 생각했다. 대부분 재단의 설립자는 사업가 출신이었다.

그럼 사업가가 되려면 무엇을 해야 할까. 우선 다양한 사람들을 알아야 할 것 같았다(사업가는 인맥이 필수다). 풍부한 경험 또한 마찬가지였다. 그럼 세계무대에서 일하며 다양한 경험을 쌓는 건 어떨까? 다양한 사람들을 만나고 많은 경험을 할 수 있으니까. 그리고 나선 현재 나아가야 할 모습을 떠올렸다. 뭔가를 뜯어고치는 걸 좋아하는 내 성향과 내가 나아갈 미래를 떠올리며 지금 나아가야 할 모습을 그려보았다. 그렇게 찾은 모습은 다음과 같았다.

'글로벌 하게 활동하고 다양한 네트워크와 전문지식을 가진 사람.'

내가 되어야 할 첫 번째 모습이었다.

운명은 우연의 문제가 아니라 선택의 문제다. 그것은 바로 당신의 미래다. 즉, 기다려야 하는 것이 아니라 그려나가야 하는 것이다. 다음과 같은 방법으로 당신의 미래를 그려보자. 그리고 당장 나아가야 할 가까운 꿈을 찾아보자.

드림패스 그리기

드림패스를 그리는 팁은 다음과 같은 질문을 자기 자신에게 물어보는 것이다.

❶ 내 삶의 목적은 무엇인지?
❷ 세상이 내게 준 미션이 있다면 그것은 무엇일지?
❸ 내게 가장 큰 자극을 주는 것은 무엇인지?
❹ 내가 기꺼이 뛰고 달리며 추구하게 되는 핵심가치들은 무엇일지?
❺ 어떤 일을 하면 가능할지?
❻ 무조건 성공할 거라는 사실을 알고 있다면 어떤 미래 쓸 것인가?

이를 가정해서 써내려가자.

\# 드림패스

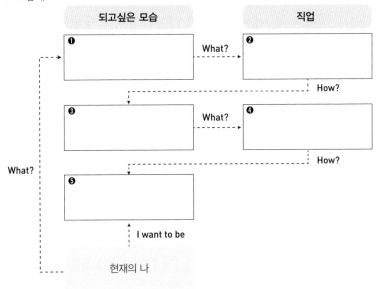

지금 나아가야 할 가까운 꿈 찾기

드림 패스에서 현재 나아가야 할 가장 가까운 모습이 당신이 지금 이뤄야 할 가장 가까운 꿈이다. 그 꿈은 무엇인가? 다시 한 번 여기에 써보자!

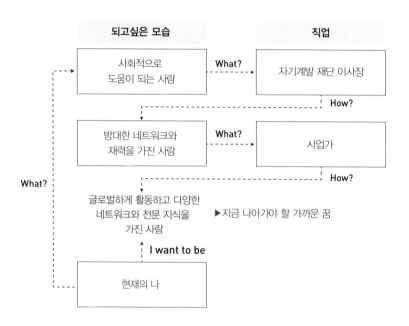

나의 드림패스다. '글로벌 하게 활동하고 다양한 네트워크와 전문 지식을 가진 사람'이 지금 나아가야 할 가까운 꿈이다. 이를 참고하여 당신의 드림패스를 그려보자.

이렇게 드림패스를 그리는 것은 당신의 장기적으로 나아갈 이정표가 된다. 이런 이정표가 없으면 도중에 어디로 가야 할지 몰라서 좌절할 수 있다. 이정표의 방향은 누구에게도 조언을 구할 필요가 없다. 당신의 주변 사람들은 당신이 일류로 나아가는 것에 별로 관심이 없다. 오로지 당신 자체적 결정사항이며 이 과정에서 충분한 고민을 하게 된다.

작성할 때는 주의할 것이 하나 있다. 미래를 써내려가며 '아, 이건 안 되겠는데.'라고 말하지 않는 것이다. 대부분의 사람이 사실 그렇게 하며 자신들의 꿈을 접는다. 그러나 사실 당신은 그 어떤 일도 가능하다. 당신이 진정으로 원하는 일 중 실현시키지 못할 것은 없다. 단지 당신이 진정 원하느냐 아니냐의 차이일 뿐이다.

꿈을 찾는 것이 정말 중요한 것이라는 건 다음의 조사결과를 통해서도 알 수 있다. 하버드 대학은 지능지수와 학력, 자라 온 환경이 비슷한 사람들을 대상으로 꿈이 삶에 끼치는 영향에 대해 조사했다. 그리고 그들의 삶을 20년 이상 추적 조사한 결과 재미있는 사실을 발견했다.

명확하고 장기적인 꿈을 가지고 있던 사람들은 20년 후 대부분이 사회에서 주도적인 위치에서 영향력을 행사하고 있었다. 꿈이 희미한 사람들은 중하위 층에 머물렀다. 꿈이 없는 이들은 하나같이 최하위 수준에서 취업과 실직을 반복하는 비참한 삶을 살고 있었다. 사회를 원망하며 누군가가 자신을 구제해주기만을 바라고 있었다.

이 조사를 통해 말하고 싶은 건 꿈이 없는 이들의 결과가 아니다.

꿈을 찾아야 일류가 될 수 있다는 것이다. 우리는 각자가 최고의 가치를 지닌 존재들이다. 신이 그렇게 우리를 만들었다. 전부 자기만이 잘할 수 있는 것이 있다. 그것은 재능에서 비롯되는 게 아니라 당신의 꿈에서 비롯된다. 꿈이 있으면 강한 동기가 생기고 이것이 재능을 만들고 당신을 일류로 만든다.

세상에 온 첫날, 우리는 모든 것을 가지고 태어났다. 타인의 아픔을 공감하거나 다른 사람을 기쁘게 해 줄 수 있는 능력, 순식간에 말하기를 익힐 수 있는 능력 등, 우리는 우리가 상상할 수 있는 모든 것을 이미 가지고 있었다. 그런데 살아가면서 자신의 신체적 조건이나 외모, 집안, 직업, 학벌 등을 비교하기 시작하며 최고의 자신을 점점 낮은 존재로 인식하게 된다.

하지만 그것은 당신이 만들어 놓은 가짜 모습에 불과하다. 그저 당신이 최고라는 사실을 외면하고 있는 것뿐이다. 믿기 어렵겠지만 당신의 꿈은, 당신 삶에서 나타날 수 있다는 것을 확신해야 한다. 당신을 위해 하는 선의의 거짓말이 아니다. 정말 실현 가능한 것이다.

나는 전 세계 언어로 번역된 베스트셀러 작가다.
나는 최고의 실력으로 세상에 모든 병을 고칠 수 있는 의사다.
나는 이야기를 가지고 많은 이들에게 꿈과 용기를 심어주는 강연가다.
나는 잘나가는 기업의 CEO가 되어 사회에 기부하고 세상을 도우며 살아간다.

자신의 꿈을 찾고 나서는 잊지 않도록 주의해야 한다. 삶에 허덕이면 꿈을 잊어버릴 수도 있기 때문이다. 그럴 땐 다음 다섯 가지를 생각하자.

> 첫째, 삶에서 시련이 있더라도 자신의 꿈을 잊지 말자.
> 둘째, 미래의 모습에 초점을 맞추고 현재를 살아나가자.
> 셋째, 직업을 바꾸더라도 꿈의 틀 안에서 움직이자.
> 넷째, 꿈을 상상하는 것을 습관화하자.
> 다섯째, 꿈이 반드시 실현될 것임을 확신하자.

꿈이 없으면 사는 게 얼마나 밋밋할까? 꿈으로부터 파생되는, 무엇을 하고자 하는 목표는 우릴 즐겁게 해준다. 모험의 연속이 되고, 매 순간의 성취는 짜릿한 오아시스가 된다. 물론 늘 그런 건 아니겠지만 적어도 꿈은 하고 싶은 일이 무엇인지 모르는 고민의 물결을 가르마 타주는 노 정도는 된다.

주위를 찬찬히 둘러보아라. 당신 방의 의자, 책상, 텔레비전. 이모든 것은 완성되기 전 누군가 그 모습을 그렸기 때문에 세상에 나올 수 있었다. 아직 존재하진 않았지만 누군가 그 미래를 설계한 것이다. 당신의 생각, 아이디어, 신념이나 마음속에서 보이는 상상의 장면, 이 모든 것들은 당신의 미래를 설계할 수 있는 재료들이다. 이를 활용하여 당신만의 일류의 미래를 그려나가라. 당신을 만든 것도 당신이고 당신을 만들 것도 당신이다. 모든 건 당신이 그리는 미래의 설계도에 달린 것이다.

"스스로를 향해 너는 이렇다, 저렇다, 판단의 잣대를 들이대지 말라. 그럴 때마다 당신 자신이 당산의 무한한 잠재력에 브레이크를 거는 격이다."

_『마법의 순간』의 저자 파울로 코엘료(Paulo Coelho)

알아차리기: 움직이게 하기

　무언가를 하고자 할 때는 두 분류의 유형이 존재한다. 바로 실행한다, 미루다가 안 한다. 세상 누구나 분명 두 분류를 모두 겪어보았을 테고 나 또한 예외가 아니었다. 실행이 필요한 상황에 놓일 경우 어떤 때는 행동으로 잘 이어지는 반면 어떤 때는 동기조차 생기지 않는다. 도대체 이 둘 간의 차이는 어디서부터 오는 것일까? 나는 내가 행동으로 옮겼던 일련의 사건들을 회상해 보았다.

　당시 설계한 꿈 여정에서 가장 먼저 되고 싶은 모습은 다음과 같았다.
　'글로벌 하게 활동하고 다양한 네트워크와 전문지식을 가진 사람'
　이런 사람이 되려면 무엇을 해야 할까? 나는 아무 생각 없이 종이에 끄적거려 보았다. 먼저 적어본 건 영어였다. 글로벌 회사에서 일하려면 영어는 필수겠지 싶었다. 영어와 관련된 자격증부터 비즈니스 회화까지 준비 좀 해야겠다고 생각했다. 다음 적어본 건 '첫 직장'이었다. 글로벌이라는 주제로 관련 있는 업무를 알아보았다. 생각이란 나무에 가지가 쳐졌다. 뭔가를 개선하는 것을 선호하는 내 성향, 그리고 지식과 인적 네트워크를 빠르게 쌓을 수 있어야 한다는 조건을 더했다.

그렇게 찾은 영역은 '컨설팅, 종합상사 해외영업 그리고 내 전공을 활용한 전자/전기 분야의 해외마케팅'(참고로 나는 공대 출신이지만 직무를 고를 때 전공보다는 내가 원하는 방향을 선택했다)이었다. 영어와 첫 직장이 내가 원하는 대로 풀린다면 처음 되어야 할 모습과 부합할 것 같았다. 네트워크와 전문지식은 아무리 쌓아도 부족하니 입사해서도 지속적으로 쌓을 수 있는 회사를 가기로 했다.

나는 언제나 전문지식의 끝은 책이라고 생각했다. 책 쓰기도 내가 되어야 할 첫 번째 모습에 포함시켰다. (여담이지만, 늦은 나이에만 책을 쓸 수 있다는 것은 편견이다. 물론 좀 더 깊은 내용을 전달할 수 있겠지만, 젊었을 때도 얼마든지 가능하다. 나도 서른 살에 내 첫 번째 책을 냈다) 이렇게 하면 내가 그린 첫 번째 모습을 만들 수 있어 보였다. 이 모습이 된다면 다음 나의 목표인 사업가의 길로 가는 징검다리가 될 거라고 판단했다.

처음 이런 계획을 세울 때는 상당히 부담스러웠다. 아직 이뤄낸 것이 아무것도 없는데, 계획 하나는 거창했다. 그럴 때마다 나는 '불가능은 없다'는 아디다스의 슬로건을 떠올리며 나를 다독였다. 해보지도 않고 포기할 수는 없다. 그리고 지금 나는, 이 모든 걸 다 이뤄냈다.

만약에 내가 잘못된 꿈의 길로 갔거나, 사회의 편향에 떠밀려 '하고 싶지 않은걸' 억지로 했다면 결과는 아마 크게 달랐을 것이다. 남들의 권유로 시작한 댄서라는 잘못된 꿈이 증명하듯이, 동기가 부족하고 성과가 나지 않는다. 그때 느낀 굴욕감, 패배감, 절망감 등의 복합적인 번뇌는 아직도 잊을 수 없다.

그래서 잘못된 꿈은 위험하다. 하기 싫은 걸 억지로 하는 상황, 가령 아무 곳이나 어떻게든 취업을 하려는 상황. 이런 결과는 불 보듯 뻔하고 이미 많이 봤다. 다수가 취업에 성공해도 곧 그만두고 재취업에 도전한다.

우리는 우리가 진정 원하는 것에 온전히 집중할 때, 비로소 움직일 수 있다. 꿈 지향적 사고를 통해 동기가 생긴다. 동기는 새로운 행동을 유발시킨다. 이는 또 다음 나아가야 할 목표를 찾는데 징검다리 역할을 제공한다. 자신이 해야 할 것을 알아차리고 올바른 방향을 잡는다면 당신은 활화산 같은 의지를 가지고 힘차게 움직일 것이다. 앞서 드림패스를 통해 자신의 꿈 여정을 그렸다면 그 모습을 달성하기 위해 무엇을 해야 할지 고민해보자.

▏나를 움직이게 하는 알아차리기 기법

❶ 살면서 당신을 무기력하게 만든 상황은 언제였나?

_____

❷ 왜 당신은 그렇게 무기력하게 되었나?

_____

❸ 살면서 당신을 열정적으로 만든 상황은 언제였나?

_____

❹ 왜 당신은 그렇게 열정적이게 되었나?

_____

❺ 인생 전반에서 당신의 꿈을 이루기 위해 첫 번째로 되어야 할 모습은 무엇인가?

_____

❻ 첫 번째 모습으로 되기 위해 당신은 무엇을 해야 하는가?

첫째, _____

둘째, _____

셋째, _____

넷째, _____

다섯째, _____

　참고로 6번 문항에서는 다소 큰 목표를 잡을 필요가 있다. 성취에 필요한 열정을 더 크게 불러일으켜 준다. 남을 따라가는 수준이면, 사실 열정이 크게 일어나지 않는다. 아무리 잘 되도 집이나 차 할부 값을 내며 그냥저냥 살아가는데 어떻게 열정이 생기겠는가? 물론 비현실적이면 안 되지만 말이다.

　스포츠 업계에서도 평범한 경기보단 좀 더 힘든 경기에서 선수들이 성적이 좋다. 그래서 평범한 경기에선 실망스러운 성적이 종종 발생한다. 목표를 자신보다 더 크게 잡으면 당신의 의식이 당신을 최선을 다하게 만든다. 열정을 불러일으키며 최선을 다해 목표를 성취하도록 해 준다.

나이아가라 폭포는 분당 168,000m³의 물이 떨어지면서 무려 4백만kW의 전력이 생산된다. 우리나라 수력에너지의 삼분의 일 정도되는 양이다. '수력'이라는 기술이 발견되기 전까진 저 에너지가 전부허탕이었을 것이다. 어느 날 누군가가 낙차를 이용한 동력 시설이란목표를 세우기 전까지는 말이다. 낙하하는 물을 특정한 곳으로 흐르게 만들었고 엄청난 양의 전력을 만들어냈다. 이 덕에 집집마다불이 켜졌고 풍성한 곡식을 수확할 수 있었으며 다양한 제품을 생산할 수 있다.

누군가가 세운 목표 덕택에 일자리가 생기고 그 부모의 자녀들이교육을 받을 수 있었으며 이로 인해 수많은 도로, 빌딩, 그 외에도 다양한 시설이 세워졌다. 더 늘어놓자면 끝도 없을 것이다. 이 모두는어느 한 사람이 나이아가라 폭포의 힘을 이용해보자는 꿈을 가졌기에 가능한 것이었다. 이렇듯 모든 건 늘 동기라는 것에서 시작한다.

삶의 비극은 목표에 도달하지 못한다는 게 아니라, 도달할 만한그 어떤 목표도 없다는 데 있다. 꿈을 그리고 자신이 나아가야 할모습을 정해보라. 지금 부족한 부분을 알아차리고 목표를 세워보라.흘러나오는 엄청난 에너지를 직접 경험해보라. 그렇지 않는 한 꿈은그저 한낱 단어에 불과할 뿐이다.

동기가 있으면 스스로를 움직이게 할 수 있다. '스스로'라는 명사가동사가 된다. 현실에서 이러한 창조의 순간은 일과 오락이 하나가될 때 일어난다. 성과가 나려면 먼저 하고 싶은 상태가 되어야 한다는 말이다. 그러니 지금 당신이 나아갈 첫 번째 모습을 이뤄내기 위

해 당신의 동기를 유발시키는 것들을 찾아보는 것은 어떤가? 밑져야
본전이니.

"상황이라니, 무슨 상황을 말하는 것인가? 내가 상황을 만든다."

_나폴레옹(Napoléon Bonaparte)

학습하고 생각하기: 답 찾기

'음, 어떻게 하면 효과적으로 할 수 있을까…?'

나는 무언가에 도전할 때마다 나만의 방법을 고안한다. 잘 만든 방법은 목표를 빠르게 이뤄주는 부스터 역할을 해주기 때문이다.

'그래, 이거야! 이런 방법으로 해보면 좋겠다!'

나는 방법을 고안할 때까지 은밀한 몽상 속에서 내게 말한다. 나는 이 목표를 해결할 수 있도록 창조되었노라고. 그리고 실행 가능한 방법으로 옮겨낸다. 목표를 이루는 모습을 머릿속에 그리며 이를 위해 정확히 무엇을 실행할 것인지 분명하고 정확하게 만들어낸다. 그리고 나선 원하는 바를 빠르게 이뤄나간다.

내가 처음 방법을 고안한 대상은 영어 정복이라는 목표였다. 의지만으로는 정복할 수 없기에 효율적인 방법을 만드는 것이 중요했다. '한마디도 못하는 나에서 자유롭게 말하는 내가 되려면 어떻게 해야 할까?'라고 고민하며 시중에서 영어 잘하는 방법을 찾아서 학습했다. 그리고 장점들만 모아서 방법을 만들었다.

나는 나만의 방법을 통해 주변 환경을 영어로 만들고, 일상생활 중 접하는 모든 것들을 영어단어화 하고, 매일 같이 영어 문장을 조합하는 실습을 했다. 매일 같이 이 사이클을 반복했다. 영어를 잘하는 나의 모습을 꿈꾸며 습관화했다. 그리고 지금 나는 외국에서 유학을 갔다 온 사람보다도 영어를 잘한다.

취업에서도 마찬가지로 방법을 만들고 활용했다. 취업은 특히 인생의 터닝 포인트가 될 정도의 중요한 시기라 방법을 잘 만드는 것이 무엇보다 중요했다. 나는 채용시즌 전까지 취업 확률을 높이는 21가지 방법(방법은 3장에 나와 있다)을 마련했다.

하고 싶은 일을 찾고 이 방향이 맞는지 검증했다. 지원할 업종과 회사, 직무를 찾고 지원리스트를 관리하기로 했다. 부족한 점을 보강하기 위해 역량을 분석하는 방법도 만들었다. 나를 성장시킬 계획표도 개발했다. 취업 시즌에서 효율적으로 움직이기 위한 각종 시간 감축방법들도 만들어냈다. 이를 바탕으로 서류지원 그리고 면접 준비를 효과적으로 진행했고 내가 원하는 회사에 모두 합격했다.

취업 이후 프로젝트를 수주할 때도 방법 만들기는 늘 함께했다. 이를 통해 각종 사회 커뮤니티, 관련 세미나 참여 등을 통해 네트워크를 만들고 누군가의 문제를 발견하고 해결할 수 있도록 지원하는 것을 지속적으로 실행했다. 그래서 프로젝트도 수주할 수 있었다.

누군가를 일류로 만들기로 결심했을 때는 내가 취업에 성공한 비결을 남들이 알 수 있고 적용할 수 있는 방법을 만들었다. 지원자의 취업 역량을 진단하는 키트부터 취업준비를 위한 21가지의 액션 플랜을 담은 취업 프레임워크와 이를 효과적으로 돕기 위한 16가지의 취업모듈을 탄생시켰다. 이런 지식을 망라한 책까지 출간하여 나를 거쳐 간 이들의 취업을 성공시켰다.

두 번째 회사로 이직할 때도 이직을 잘하는 방법, 회사를 들어가서 인정을 받을 때도 내가 담당하고 있는 팀이 잘 헤쳐 나갈 수 있는 방법을 고안했다. 이런 성과를 인정받고 회사의 미래를 책임지는 팀으로 이동할 수 있었다. 그렇게 나는 나만의 방법 만들기를 통해 작가로, 칼럼니스트로, 코치로, 전문가로 세상에 당당히 설 수 있었다.

목표를 이루지 못하는 걸림돌 중 하나는 방법을 만들지 않는 것에 있다. 목표를 어떻게 효과적으로 달성해야 할지 고민하지 않으면 열심히는 하는데 성과가 나지 않는 도전을 할 수가 있다. 물론 이런 과정은 고단하다. 하지만 자신이 할 수 있는 최고의 방법을 고안하고 목표를 빠르고 효과적으로 달성할 때 느끼는 쾌감을 말로 설명할 수 없다. 당신의 목표 달성을 위해 해야 할 것들을 어떻게 하면 효과적으로 이룰 수 있을지 생각해보자.

▚ 방법 만들기

❶ 지금 당장 달성하고 싶은 목표는 무엇인가?
앞서 정한 '첫 번째로 되어야 할 모습'을 만들기 위해 달성하고 싶은 목표를 하나 적어보자.

_____

❷ 위의 목표를 이루는 방법을 고안하기 위해 무엇을 학습할 것인가?

방법을 생각해 내려면 기초지식이 필요하다. 내가 고안했던 방법들은 '그렇지'하고 번뜩 떠오른 것이 아니다. 시중에서 고안한 방법 등의 기초지식을 충분히 조사하고 학습하여 나온 결과물이다. 자유롭게 '끄적여' 보자. 시뮬레이션이니 편하게 해보자.

❸ 당신이 모방할 사람은 누구인가? (여러 명도 가능하다.)

방안을 만들 때 가장 좋은 수단은 모방이다. 내가 세운 목표를 이미 이룬 사람을 찾고 노하우를 훔쳐내는 것이다. 스티븐 잡스(Steven Paul Jobs)가 일본의 밥솥에서 아이디어를 가져와 애플 노트북 전원 어댑터인 멕세이프를 만든 것처럼, 도요타의 렉서스 초기 시절 벤츠 디자인을 모방했듯이. 훔치고 재조합해서 입에 넣고 잘근잘근 씹어라. 상대방이 뭘 훔쳤는지도 모르게 당신의 뱃속에 넣어버려라.

❹ 목표를 이룰 수 있는 방법은 무엇인가?

우선 당장 떠오르는 방법을 마구 써보고 시간을 가지고 개발해보자.

미국 버지니아 대학 교수 데이브 콜에 따르면, 성취할 방법을 생각하는 사람들은 그렇지 않은 사람들보다 무려 10배나 더 높은 성취를 이뤄낸다고 한다. 하지만 현대인의 80%는 이를 하지 않는다고 한다. 약 4%미만의 사람들만이 방법을 마련하며, 그중 1%도 안 되는 사람들이 실행한다고 한다.

이렇게 간단한 것을 왜, 고작 1%밖에 이행하지 못하는 것일까? 답은 간단하다. 대다수가 그 앞단의 동기와 목표, 알아차리기, 학습하기의 과정이 없거나 불투명하기 때문이다. 그렇게 되면 당신의 의지가 방법을 고안하는데 쓰는 에너지로 이어지지 않고, 부족한 학습으로 생각의 폭이 좁아져서 방법을 찾는데 애를 먹는다. 그렇기 때문에 당신이 방법을 만들 때 주의할 점은 이 단계를 실행하기 전까지 반드시 앞의 단계를 거치고 나서 해야 한다는 것이다. 또한 방법을 만들 때는 가급적 구체적으로 마련해야 한다.

레스토랑에 들어가서 그냥 '먹을 것 좀 가져다주세요.'라고 말하는 사람은 없다. 다들 메뉴판을 보고 골라서 구체적으로 주문한다. 당신의 계획도 이와 같아야 한다. 그래야 구체적인 형상으로 나타난다. 목표를 이루기가 수월해진다.

방법을 만들어보자. 이 효과를 느껴보자. 앞의 단계를 잘 거쳤어도 방법이 없으면 목표달성에 애를 먹는다. 하지 않아도 되는 것을 하며 시간 낭비를 하게 된다. 당신이 이루고 싶어 하는 모습, 목표를 세운 일들에 정신을 집중하자. 당신의 두뇌를 통제하는 계획적 사고를 이용하자. 당신이 선택하는 이미지들이 반드시 이뤄가기 위한 답을 찾을 것이다.

"나는 언제나 훌륭한 인물이 되고 싶었다. 그러나 더 구체적이어야 했다."

_미국의 배우 릴리 톰린(Lily Tomlin)

표현하기: 시간에 목줄 채우기

"떠벌리고 다녀야 해요. 그럼 낯부끄러워서라도 실행할 확률이 올라갑니다."

요즘 다니고 있는 회사의 부회장님이 한 말이다. 나는 이 말에 무척 동감한다. 나는 기본적으로 게으르기 때문이다. 그래서 나는 무언가를 추진할 때마다 주변 이들에게 '나 이거 할 거야. 꼭 할 거야.'라고 말하고 다닌다. 그럼 말한 게 계속 상기되고 어느새 실행에 옮기고 있는 나를 발견한다.

좋은 점은 하나 더 있다. 사람들의 응원으로 더 힘이 난다는 것이다. 처음 이런 말을 할 때는 주변 사람들의 시선이 곱진 않았다. '말만 하지 마라'고 하는 이들도 있었다. 하지만 실행에 옮기고 달성하는 나를 보며 언제부턴가 주변에서는 잘 해보라고 응원도 해준다.

나는 특히 '언제까지'라는 말을 잘 사용했다. 친구를 만나면 '언제까지 이걸 할 거야'라며 말하고 다짐한다. 다시 말하면 나는 시간에 목줄을 채우는 것을 통해 실행에 더 박차를 가한다.

나는 각 목표마다 언제까지 달성할 것인지 확실히 정했다. 정확히 언제 그것을 이뤄낼 것인지 생각하고 하루에 할 분량을 정했다. 나만의 일하는 패턴을 발견하고 시간을 최적화하기 위함이었다. 덕분에 제한된 시간 내에 많은 성과를 낼 수 있었다.

이렇게 하면 3가지 장점이 있다. 먼저 하루에 할 일이 명확하니 집중력이 올라간다. 다른 것에 신경이 쓰이지 않고 집중이 된다. 다음은, 시간을 사용하는 밀도를 높일 수 있다. 이것만 끝내자는 일념으로 열심히 하게 된다. 마지막으로, 놀 수 있는 시간을 마련할 수 있다. 나는 그날의 분량을 일찍 끝내면 놀아버린다. 마음이 편해져 놀기도 편하다. '일할 때는 일하고, 놀 때는 화끈하게'의 공식을 성립시킬 수 있다.

처음 영어 정복은 3개월을 잡았다. 수많은 영어 말하기 책을 살펴본 결과 말을 틀 수 있는 시간이 3개월이었다. 나는 '단어 5개, 영어 말하기 연습 5분.'으로 매일의 분량을 정했다. 하루라도 빼놓지 않고 매일 했다. 술에 취하든 몸이 아프든 등의 어떤 일이 있어도 이 계획을 지켰다. 그리고 3개월 만에 정말로 말이 트였다(간단한 문장을 여러 번 이어서 말하는 정도이지만).

나는 누구나 영어 말하기가 가능하다고 말한다. 매일 조금씩만 한다면. 대부분의 사람들이 영어도전에 실패하는 것은 방법의 차이도 있지만, 무엇보다 매일같이 하지 않아서다. 영어 말하기를 하려면 머릿속에서 단어를 조합해서 입으로 말하는 프로세스가 몸에 익어야 한다. 대한민국 사람이 특히 영어 말하기가 약한 이유는 이런 프로세스를 경험하는 경우가 별로 없기 때문이다. 주입식 교육의 폐해다.

취업 정복은 5개월이었다. 우선 하루 분량을 뽑기 위해 내가 지원할 회사들의 채용일정을 관리했다. 서류 지원일부터 면접 일까지 하나하나 수집해서 매일같이 해야 할 일들을 통계로 뽑았다(오늘은 서류 지원 세 군데, 면접 두 군데의 식으로). 그렇게 오늘, 내일, 글피 그리고 일주일 후까지 시간을 관리했다.

할 일이 명확하니 불필요하게 시간을 쓸 일이 없었다. 오늘의 분량을 마치고 추가적으로 할 일을 찾아보거나, 컨디션을 위해 쉬기도 했다. 나는 그렇게 놀면서 취업에 도전했다. 그리고 원하는 최고의 기업에 당당히 들어갔다.

프로젝트를 수주할 때는 6개월로 다짐했다. 자세한 계획에는 늘 일정을 정했다. 무엇부터 시작하고 언제까지 마칠 건지 모두 사전에 기록했다. 네트워킹을 위해 해야 할 활동들 모두를 기한을 정해놓고 추진했다. 정해진 시간 안에 소식이 없으면 전략을 바꾸기 위함이었다. 그리고 프로젝트를 수주했다.

누군가를 일류로 만들기로 할 때도 그랬다. 내게 코칭을 받는 이들의 시간이 소중해서였다. 하루라도 빨리 취업을 준비하는 학생들의 좋은 소식을 듣기 위해 시간을 사용하는 것에 집중했다.

특히 책을 쓸 때는 어느 상황보다도 더 집중적으로 시간을 사용했

192 내가
서있는 곳

다. 온전히 내 의지만으로 나아가야만 했다. 누구와도 교류하지 않는 혼자만의 싸움이었다. 집중의 끈을 놓으면 마냥 늘어질 수 있는 목표였다. 나는 총 5장에 40개의 꼭지로 구성한 목차를 30일로 나눴고 하루에 1꼭지, 여유가 있을 경우는 2꼭지를 매일같이 써 내려갔다. 그리고 1개월 만에 집필할 수 있었다.

다시 들어간 회사 생활에서도 6개월의 시간을 잡고 나의 성장을 계획했다. 내가 학습할 시간 2개월, 목표한 바에 성과를 낼 시간은 4개월로 정했다. 2개월 동안 미친 사람처럼 공부했고 4개월 동안은 생각한 바를 꿋꿋이 밀고 나갔다. 원하는 기간 내에 마침 성과가 났고 공로를 인정받아 회사의 미래 먹거리를 찾아가는 부서로 발령이 났고 입사 후 6개월의 최단기간에 승진도 했다.

이렇게 시간에 목줄을 채워서 진행하면 성과가 난다. 이렇게 시간을 사용하는 방법은 나뿐만이 아니다. 시간 사용의 고수들은 정작 따로 있다. 정몽구, 구본무, 이건희, 빌 게이츠, 스티브 잡스 등의 리더는 시간을 제대로 관리한 것으로 유명하다. 그들에게도 하루는 24시간이기 때문이다. 그래서 그들은 언제까지 목표를 이룰 것인지 매번 구체적으로 정했고 남들보다 빠르게 성공했다.

만약 당신이 시간을 정하지 않으면 '시간이 좀 더 있었으면, 내가 좀 더 어렸더라면' 등의 말로 후회할 수 있다. 그렇기에 이 시간이란 존재에 목줄을 채우고 알차게 써야 한다. 그럼 매끄럽게 방법을 실행할 수 있고 더불어 여유도 가질 수 있다. 즉, 목표를 이루는 과정에서 안정된 심리상태를 유지할 수 있어 궁극적으로 달성 확률을 높일 수 있다.

▶ 시간에 목줄 채우기

❶ 지금 실행할 목표는 무엇인가?
앞에서 썼어도 다시 써보자

_____

❷ 목표를 달성하기 위해 고안한 방법은 무엇인가?
이 역시 다시 써보자

_____

❸ 언제까지 목표를 달성할 것인가?

_____

취업성공 계획표

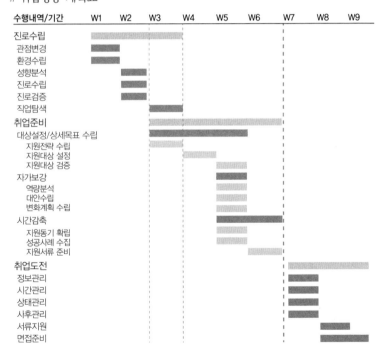

수행내역/기간	W1	W2	W3	W4	W5	W6	W7	W8	W9
진로수립									
관점변경									
환경수립									
성향분석									
진로수립									
진로검증									
직업탐색									
취업준비									
대상설정/상세목표 수립									
지원전략 수립									
지원대상 설정									
지원대상 검증									
자가보강									
역량분석									
대안수립									
변화계획 수립									
시간감축									
지원동기 확립									
성공사례 수집									
지원서류 준비									
취업도전									
정보관리									
시간관리									
상태관리									
사후관리									
서류지원									
면접준비									

내가 누군가를 일류로 만들 때 사용했던 취업 계획표다. 나는 누군가를 코칭할 때뿐만이 아니라 모든 목표를 이렇게 세분화하여 언제까지 할지 정하고 시간을 관리한다.

그럼 이제 시간에 목줄 채우기를 본격적으로 연습해보자. 우선 위의 예시와 목표를 달성할 방법을 '수행 내역/기간'이라는 칼럼에 나열해 보자. 그다음 그 방법을 작은 단위로 다시 써보는 것이다. 굳이 아래 표에 작성하지 않고 큰 노트에 해봐도 좋다. 형식만 준수하자.

수행내역/기간	W1	W2	W3	W4	W5	W6	W7	W8	W9

가령 취업이라는 목표로 '진로수립'이라는 할 일을 썼다면, 이를 '관점변경부터 직업탐색'까지의 상세 단위로 쪼개는 것이다. 그 후 각 상세 업무 언제까지 할 것인지 정하는 것이다. 위의 표처럼 막대기를 그려나가는 식으로 말이다(W1는 Week 1, 즉 첫 번째 주라는 의미다).

시간에 목줄을 채울 때 한 가지 명심해야 할 점이 있다. 아무리 철저하게 세운 계획이어도 시간을 설정할 땐 어느 정도의 여유 공간을 고려해야 한다는 것이다. 예상치 못하는 상황에 직면하는 등으로 계획이 연기될 수 있기 때문이다. 이런 상태가 반복되면 대개 계획이 쓸모없게 된다.

그리고 이런 작업에 들어가는 시간을 아까워하지 말자. 전체적으로 봤을 때 지금 쓰는 시간보다 더 큰 시간을 절약할 수 있다. 너무 빡빡한 계획은 당신을 지치게 한다. 요일 단위 계획을 조금 느슨하게 세워서 달성할 수 있게 하자. 만약의 사태로 늦춰질 수 있는 가능성까지 고려하자.

어떤가? 이제 좀 목표를 달성하는 방법에 대해 감이 잡히는가? 잡히지 않는다면 전체적인 틀만 이해하는 것만으로도 족하다. 우선 큰 그림이 이해가 가면 작은 방법들은 다시 책을 펼쳐 들고 보면 된다.

감을 잡고 책을 다시 보며 실천하기, 이건 언제까지 해볼 생각인가?
_____

이렇게 간단한 것부터 시간에 목줄을 채워보고 이 책의 내용을 당신의 것으로 만드는 목표부터 계획해보자. 그런 다음 주변에 떠벌리는 방식으로 자신의 계획을 현실에 표현하자. 머릿속에만 두리뭉실하게 담아둬서는 실행하기까지 많은 시간이 걸린다. 업그레이드 법칙 이제는 두 가지 실천법만이 남았다. 끝까지 읽어보고 실천해보자. 놀라운 삶의 변화가 당신을 기다리고 있을 테니.

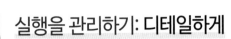

실행을 관리하기: 디테일하게

나는 모든 것을 계획할 때마다 이를 철저히 실행해왔다. 당연한 소리지만 목표의 성취 여부는 실행에서 극명하게 나뉘기 때문이다. 아무리 목표가 뚜렷하고 방법과 계획이 좋아도 실행이 잘 안 되면 아무 소용이 없다. 앞서 한 모든 것은 이런 실행을 잘하기 위한 준비 단계다.

특히 실행은 디테일이라는 한 곳이 중요하다. 실행의 과정에서 일어나는 여러 이슈를 얼마나 디테일하게 관리하느냐에 따라 실행이 잘 되기도 더디기도 한다. 관리하는 방법은 여러 가지가 있지만 나는 엑셀을 활용했다(마이크로소프트에 감사할 일이다).

영어를 정복할 때는 나의 학습 과정을 엑셀에 기록하고 정리했다. 일상생활에서 접한 단어부터 연습하며 만들어 본 영어 문장 중 좋은 표현도 기록했다. 그 후 일주일, 한 달 기간을 두고 기록한 내역을 관리하며 지속적으로 복습했다.

취업에서는 지원하기로 계획한 회사들의 정보를 관리했다. 지원 예정인 회사들을 리스트로 만들고 엑셀에 넣은 후 회사별 서류, 인적성, 면접 일자 등의 일정을 포함한 채용공고를 하나의 엑셀 파일에 모아놓았다. 더불어 그 회사의 인재상, 최신뉴스, 서류 및 면접 관련 팁, 기타 이슈사항까지 추가해 놓고 내가 원하는 것에만 집중했다.

프로젝트를 수주할 때도 마찬가지였다. 많은 사람들과 네트워킹을 하며 기회가 되면 돕자는 계획 하에 만났던 사람들과의 인맥을 관리했다. 참석한 모임별로 교류한 사람들이 어느 회사에 있는지, 무슨 업무를 담당하는지, 어떤 도움이 필요할 수 있을지 기록해 놓았다. 그 후 기회가 있을 때 내가 도울 수 있는 부분을 찾아 나섰다.

내 경험을 살려 누군가의 첫 취업을 도울 때도 이런 디테일한 실행은 중요했다. 학생들의 성향과 나아갈 방향을 잡아주고, 내가 만들어 낸 취업방법론대로 원활히 진행되는지 엑셀에 기록한 후 지속적으로 확인했다.

이후 학생들이 의욕을 잃는 등으로 기존 계획 대비 차질이 생길 때는 다독이며 의욕을 불어넣었다. 방향을 잃고 본래의 계획과 다르게 나아갈 때는 방향키의 역할을 해줬다. 그리고 그들은 원하는 바를 이룰 수 있었다.

책을 쓸 때는 내가 만들어낸 목차를 기반으로 각 장의 소제목별 서론과 본론 그리고 결론의 영역을 나눠놓고 각각의 개별 콘텐츠를 엑셀로 관리했다. 각 꼭지를 구분하여 언제까지 써야 할 일정을 정해놓고 앞서 세운 계획에 벗어나지 않도록 진척의 정도를 관리했다. 그래서 한 달이란 시간 안에 마무리할 수 있었다.

회사도 마찬가지로 내가 2개월에 걸쳐 학습한 내역을 기록하고 잘 정리해 두었다. 그리고 4개월간의 실행계획이 틀어지지 않도록 주 단위로 일정을 체크했다. 이 과정에서 야근이 잦긴 했지만 나는 결국 내가 원하는 성과를 낼 수 있었다. 휴식과 성과의 트레이드 오프인 셈으로 쳤다.

이런 디테일한 실행의 중요성은 다음과 같은 사례를 통해서도 엿볼 수 있다. 어느 글로벌 제약회사는 막대한 연구비를 투자해 요실금 치료제를 개발했다. 그 후 전 세계로 특허를 출원했지만 막대한 손실을 입었다.

한 직원의 실수로 한국을 'North Korea'로 한 것이다. 그 탓에 한국에서는 그 회사 제품을 마음대로 카피할 수 있었고 이로 인해 그 회사는 수백억의 손해를 봤다. 디테일한 실행 부족에서 온 참극이다. 디테일한 실행의 중요성을 다시금 인지하고 다음과 같이 실천해보자.

• 디테일하게 실행하기

디테일하게 실행하려면 우선 목표의 도전과정을 기록할 필요가 있다. 엑셀을 사용해서 실행 과정에서 나온 이력들을 관리하자. 아무 형식이라도 상관없다. 굳이 엑셀이 아니어도 된다. 어딘가에 적으라는 것이다.

당신의 실행과정을 어떻게 관리할 것인가?

지금 어떤 걸 실행하고 있다는 가정으로 여기에 그 과정을 관리할 아이디어를 써보자. 실행하고 있는 것이 없으면 목표를 하나 가정하여 작성해보자. 실습이 중요하다.

추가로, 실행과정에서 일어날 법한 '리스크'와 이미 일어나서 해결이 필요한 '이슈'를 관리해야 한다.

　

지금 당신이 실행하고 있는 것에서 발생할 수 있는 리스크나 이슈는 무엇인가?

먼저, 아래의 표에서 '구분' 칼럼에 이슈나 리스크를 표기하자. 그 다음, 이슈 또는 리스크 이름을 '항목' 칼럼에 적자. 마지막으로 '해결방안' 칼럼에 리스크가 어떻게 발생하지 않을지, 이슈를 어떻게 해결할 것인지 적어보자. 이는 당신이 지금 무언가를 실행하고 있어야 작성할 수 있으나, 지금은 익숙해지기 위한 연습을 해보자.

구분	항목	해결방안
예: 이슈	예: 출장으로 책쓰기 일정지연	예: 비행기/호텔에서 짬짬이 쓰기

나는 어떤 상황에 직면했을 때도, 내가 원하는 방향으로 만들기 위한 태도로 임했다. 실행이 잘 진행되고 있는지 매사 면밀히 체크했다. 처음에는 이런 과정이 어렵게 보여도 실제로는 훨씬 쉽고 실행이 더 잘됨을 느끼게 된다. 당신이 가진 능력은 당신이 상상하는 것보다 언제나 훨씬 더 훌륭하다는 사실을 알게 될 것이다.

실행의 과정에서 중대한 문제에 봉착하거나 차질이 생기면, 많은 이들이 본래의 계획을 포기해버린다. 그러지 말고 이런 과정을 창의적으로 풀어야 할 일종의 기회로 생각해보자. 장애물이 있다면 해결책도 있기 마련이다. 이 사실을 깨달으면 좋겠다. 그럼 당신에게 멋진 보상이 주어질 것이다.

제화업체 '안토니'의 김원길 대표. 그는 국내에서 거의 유일한 구두 기능공 출신의 일류CEO다. 기능공에서 첫 커리어를 시작한 그는

30세에 작은 회사를 세웠다. 그 후 20여 년이 지난 지금은 주요 백화점에 그의 회사 구두를 입점시켰고 국내 3위의 구두 브랜드로 성장시켰다.

중학교 졸업 후부터 그는 구두만 만지며 살아왔다. 누구보다도 힘든 고생을 겪어야 했지만, 그런 고생 끝에 직원 수 200여 명에 연 매출이 400억 원 이상인 중견기업으로 키웠다. 회사는 컴포트 슈즈업계 1위를 달리고 있으며 지금도 승승장구 중이다.

그는 자신이 일류가 된 비결에 다음과 같이 언급했다.

"제가 사업에서 성공하고 구두 분야의 일류가 될 수 있었던 이유는 단 하나예요. 계획한 바를 실행이 잘되도록 노력한 것뿐입니다. 어찌 보면 단순해 보이지만 그야말로 진리입니다. 머릿속에 좋은 생각이 아무리 많으면 무슨 소용이 있나요. 실행이 잘되어야 무엇이든 간에 이룰 수 있습니다. 일류로 거듭나는 명제이지요."

세상에 생각을 실행에 옮기는 사람은 그리 많지 않다. 그럼 다 일류가 되었을 것이다. 반면에 일류로 나아가는 이들은 자신의 생각을 반드시 실행에 옮겨낸다. 그리고 일류가 된다.

일류로 나아가는 자들과 그렇지 않은 이들의 차이는 실행에서 명확히 구분된다. 그렇지 않은 이들은 최상의 상태가 되기만을 기다리느라 시작하지 못한다. 실행하지 않고 가만히 앉아 최고의 상황만을 기다리는 건 당신을 무기력하게만 만들 뿐이다.

정말 하고 싶은 일이라면 어떤 상태에서든지 시작할 수 있다. 꿈을 기반으로 원하는 목표를 설정했다면 분명 그럴 것이다. 상황은 실행하며 나에게 유리하게 만들어 나가면 된다. 당신의 실행을 관리하자.

임계치 넘기: 일류의 한 끗

우연한 기회로 멕스웰 몰츠(Maxwell Maltz)라는 미국의 성형외과 의사가 쓴 『성공의 법칙』이란 책을 접하게 되었다. 그는 몇십 년 동안 환자들을 치료하며 '환자의 믿음에 따라서 인격도 변하고 인생까지 변한다는 것'을 발견했고 '매일 같이 마음속으로 이미 성공한 자신의 모습을 그리면 진짜로 성공한다.'는 연구결과를 책에서 공표해서 당시 많은 사람들을 놀라게 했다.

나는 그의 연구 결과에 전적으로 동의한다. 수많은 일류도 자신의 성공한 모습을 생각하며 일류로 도약했고 나 또한 같은 방법으로 내가 원하는 바를 이뤄냈다.

"네가 할 수 있을까?"

내가 무언가에 도전할 때마다 가장 많이 들은 말이다. 주변 이들은 매번 내가 할 수 있을지 우려했지만 나는 결국 해내고 말았다. 이제는 내가 또 무슨 일을 벌이려 하면, 격려해 준다. 한때 잘못된 꿈으로 삼류가 되었던 쓰라린 기억은 이제는 떨쳐냈다. 다시 찾은 진짜 꿈에서 올라오는 불타는 의지를 해독제로 삼아 치유하며, 내 꿈을 향해 분명하게 긍정적인 태도를 보이며 걸어갔다. 그리고 목표한 바를 하나씩 이뤄나갔다.

사실 초반에는 나조차도 의심스러웠다. 영어를 한마디도 못하는데 정복이란 결심까지 했으니 그럴 만도 하다. 처음 영어를 정복할 때는 정말 남들의 우려가 현실이 될까 두렵기도 했다. 실력이 단기간에 향상되지 않았다. 하지만 믿지 않으면 무슨 소용이란 말인가? 아무 득이 없다. 나는 무턱대고 나를 믿어보았고 내가 달성한 모습을 꿈꾸며 계속 연습했다. 그 후 어느 순간 도깨비가 요술 방망이로 금 나와라 뚝딱한 것처럼 영어 실력이 팍 뛰었다.

취업에서도 나의 믿음은 원하는 결과를 만드는데 강력하게 작용했다. 무턱대고 세계 최고의 컨설팅 회사를 가고 싶다고 하니 누구나 그곳에 입사하는 것은 어렵다고 입을 모았다. 그래도 나는 내가 나아가 할 길을 굳게 믿고 도전했다. 결과가 늦게 나와 조마조마했지만 나는 결국 내가 원하는 최고의 회사에 합격했다. 그 째지는 기분은 경험하지 않은 자라면 절대 알 수 없다.

그 후 저서 집필도, 칼럼니스트가 된 것도 모든 건 믿음이 성취의 마지막을 장식했다. 모두가 안 된다고, 불가능하다고, 어렵다고 수차례 말했던 것들은 난 해낼 수 있었다. 그런 말들이 들릴 때마다 내게 필요한 조언만 걸러 듣고 원하는 바를 이뤄나가는 믿음을 가지고 될 때까지 버티고 실행했다.

몇 번의 목표 성취를 통한 쾌감을 맛보니 '믿음'이란 존재는 내게 있어 더욱 중요한 요소로 자리 잡았다. 프로젝트를 수주할 때도, 누군가의 미래를 바꾸기 위한 도움을 줄 때도, 회사에서 일할 때도 나아가 세상에 내 능력으로 당당히 설 때도, 이런 믿음은 내 꿈과 계획을 그리고 도중에 벌어지는 여러 가지 이슈를 해결하는 조력자였다.

나는 나의 믿음을, 꿈의 연장선이라고 본다. 꿈이 첫 번째 시발점이면 믿음은 마지막 종착점이다. 무엇이든 작심삼일 노력을 투자하고 얻어낼 수 있는 것은 없다. 최소 몇 개월에서 길게는 몇 년까지 버티고, 계획한 바를 지속적으로 실행에 옮길 수 있어야 한다.

업그레이드 법칙의 마지막 정수는 이런 '임계치 넘기'이다. 마음을 잡고 꿈을 찾은 이후부터는 이것과의 싸움이다. 부족함을 알아차리고 학습하고 방법을 만들고 계획하고 실행하는 다섯 가지 단계를 임계치를 넘을 때까지 즉 목표를 이룰 때까지 반복해야 한다.

이렇게 들으면 고된 시간의 연속처럼 보일 수도 있지만 자신이 원하는 바에 도전한다면 이를 즐겁게 반복할 수 있다. 그래서 믿음이 더 필요한 것이다. 지속적으로 하려면 믿음이 있어야 한다. 그럼 임계치를 넘고 목표한 바를 이룰 수 있다.

나는 실행하는 모든 것마다 잘될 것이라고 믿고 움직였다. 어떤 이들은 어떻게 확실하지도 않은 것에 긍정적이게 될 수 있냐고 반문하기도 한다. 그러나 굳이 부정적일 필요가 없다는 게 내 소신이다. 답이 있는 것도 가능성이 정해진 것도 아니라면 굳이 부정할 필요가 없다. 그러니 긍정이 더 좋은 것이 아닌가?

물론 나는 지극한 현실주의가 바탕에 깔려 있기 때문에 허망한 긍정은 하지 않는다. 부족한 점을 인지하고 개선하지도 않으면서 긍정하지 않는다(참고로 자기 수용과 개선보다 긍정이 앞서면 매우 위험하다). 아무튼 나는, 내 자신에게 끊임없는 긍정의 최면을 걸었다. 부정적인 감정이 생길 때마다 강제로 긍정했다. 부정하는 건 실패하는 상황으로 다가간다고 생각했다.

사명 선포

목표 _____

나는 바로 이 순간부터 세포 하나하나에 이 사명을 새기며 이행할 것을 약속하며 이 계획은 반드시 성공한다.

첫째. 나는 나 자신이 타고난 일류임을 깨달을 것이다.
둘째. 나는 내가 진실로 원하는 일에 열망을 쏟을 것이다.
셋째. 지나간 실패나 좌절은 떨쳐버리고 내 인생에서 일어나지 못하게 할 것이다.
넷째. 잘못된 꿈은 나를 괴롭게 한다는 것을 알고, 진짜 꿈을 찾는데 집중할 것이다.
다섯째. 나는 꿈과 계획을 다스리는 힘을 길러 후회 없이 잘살 것이다.
여섯째. 나는 내 꿈이 실현되는 계획을 만들기 위해 최선을 다할 것이다.
일곱째. 나는 선입견이 가져오는 부정적 태도를 모두 버릴 것이다.

날짜 _____

서명 _____

이 과정에서 나는 '사명 선포' 기법을 사용했고 이는 지금까지도 활용하고 있다. 별거 아닌 것 같아 보여도 이런 과정은 나의 믿음이 흔들릴 때 중요한 버팀목 역할을 한다. 당신도 한 번 여기에 맞춰 자기선언을 해보자.

믿기 힘들 수도 있겠지만, '믿으면 성공한다'는 것은 과학적으로 증명된 사실이다. 세계적인 뇌 의학자인 리처드 레스탁(Richard M.Restak), 다니엘 G. 에이멘(Daniel G Amen), 하루야마 시게오(春山茂雄) 박사들의 공통적인 연구결과다. 자신의 성공에 대해 믿음을 가지면 뇌에서 다음과 같은 변화가 온다고 한다.

먼저 뇌에서 자신의 미래 모습을 현실로 받아들이고 미래와 실제 현실 간의 간격을 인식한다. 그러한 다음 미래와 현실 사이에 간격을 수정이 필요한 오류로 인식한다. 그 후 오류를 수정하기 위해 뇌에서는 무의식의 힘을 사용하고 뇌의 소유자에게 이를 현실로 만들라며 불굴의 의지력과 차원이 다른 성취력을 제공한다. 그렇게 간격은 메워지며 이내 현실이 된다. 즉 꿈과 계획이 있으면 당신의 뇌는 착각할 준비가 되어있다는 것이다.

세계적으로 유명한 메리케이 화장품의 창업주인 '메리 케이 애쉬(Mary Kay Ash)'는 믿음으로부터 오는 놀라운 결과에 대해 이렇게 말했다.

"항공학적으로 땅벌은 날 수 없습니다. 그러나 땅벌은 그 사실을 모르기 때문에 계속 날아다니죠."

앞일이 어떻게 벌어질지는 귀신도 모른다. 우리가 어떻게 하느냐에 따라 얼마든지 바뀌는 것이다. 그 중심에 있는 것이 바로 자신에 대한 믿음과 긍정이다.

나는 늘 다른 이들에게 다음과 같이 말한다.

"믿음을 가지고 포기하지 말아요. 믿고 나아가세요. 포기란 세상에서 가장 탈옥하기 어려운 교도소라고 하더군요. 누군가에게 힘으로 제압당해 갇힌 게 아니라, 당신이 당신 스스로를 가두고 빠져나갈 열쇠를 철창 바깥으로 던져버린 것과도 같으니까요."

결과의 문을 여는 열쇠가 지금 당장 찾아지지 않는다고 해서 좌절하지 말자. 당신 안에 있는 여러 열쇠 가운데 실제 합격의 문을 여는 것은 마지막 열쇠일 수도 있다. 모든 전쟁에서의 승리는 '좀 더'라는 끈기에서 결정된다는 나폴레옹(Napoléon Bonaparte)의 말과 같이 마지막에 웃는 사람은 당신이 되어야만 한다. 그렇다면 '좀 더'라는 말에 당신의 한계를 맡겨보자.

이제 더 이상 '거의'라는 말을 하지 말자. 일류는 '완전히'를 말한다. '거의'와 '완전히'는 투자하는 노력과 시간을 떠나서 1억 배의 차이가 난다. 성과의 여부를 판가름하는 가장 중요한 지점이다. 99도의 물이 100도가 될 때까지 당신의 임계치를 완전히 넘어보자. 어느 순간 일류가 된 당신을 보고 있을 테니.

"이 세상에 당신은 유일한 존재다. 역사를 통틀어 단 하나뿐인 존재다. 예전에도 없었고 앞으로도 없을 것이다. 따라서 당신이 얼마나 높이 날아갈지 예측할 수 있는 사람은 단 하나도 없다. 심지어 당신조차 자신의 날개를 펴고 날아오를 때 놀랄 수도 있다."

_제이슨 최

5장

일류로 나아갈
당신에게

후회 없는
나만의 인생을 살라

"후회 없어?"

"무슨 후회?"

"회사 나왔던 지난날 말이야."

"내 회사 해봤는데 뭐. 오히려 후회가 없어서 다행이지."

내 주변 지인들은 내게 궁금한 점이 많다. 자칫 위험할 수도 있는데 어떻게 마음대로 회사도 나가면서 살 수 있느냐고 묻는다. 그럴 때마다 나는 이렇게 답한다.

"회사를 나오는 위험보다 후회를 남기는 위험이 더 크지 않을까? 한번 사는 인생이잖아."

나는 고작 30년 정도 살았지만 살아오면서 느낀 한 가지가 있다. 적어도 살면서 후회 남길만한 일은 최소로 하자는 것이다. 삶을 살아감에 있어 후회가 많다는 것은 포기했던 것이 많다는 의미로 본다. 나는 포기하지 않고 하고 싶은 걸 하자는 자세로 산다.

나는 2015년 초, 잘나가는 액센츄어의 컨설턴트의 위치에서 불현듯 회사를 박차고 나왔다. 부모님, 친구, 회사동료 모두가 나를 말렸던 상황은 아직도 생생하다. 귓등으로도 듣지 않고 퇴사를 강행했다. 살면서 꼭 한번은 하고 싶은 일이 생겨서였다.

첫 책인 『취업, 이겨놓고 싸워라』의 출간 제안을 받았을 당시, 나는 1년만 온전히 나만의 힘으로 이 시대의 취준생을 도와보자는 결심을 했다. 회사를 나와 강연을 다녔고 내 회사를 만들었다. 1년이란 시간은 내 생의 어느 삶보다 빠르게 지나갔고 수천 명의 취준생이 나를 거쳐서 취업했다.

사람들의 우려와 같이 회사를 나오면 아주 많은 상황이 바뀜을 알 수 있다. 나의 사회적 지위와 주변의 시선. 특히 기대 반 불안 반으로 바라보는 주변의 시선은 결코 달갑지 않긴 하다(우리나라의 주변을 의식하는 풍토 때문이다).

이 시기를 통해 나는 이때 하나 깨달은 것이 있다. 회사를 나오는 건 더 힘든 일이라는 것 말이다. 회사를 다니면 일하는 날과 쉬는 날이 구분되어 있지만, 내 일을 하면 매일이 일의 연속이다. 처음에는 매일 쉴 수 있지 않을까 하는 생각이 나를 설레게 하기도 했지만, 막상 마주치면 그럴 수가 없다. 매일이 내 생존과 직결되기 때문에 쉴래야 쉴 수도 없다. 자유에는 책임이 따른다는 초등학교 시절 배운 그 문구는 진리였다.

내가 계획한 시간을 보내고, 다시 회사로 돌아갔을 때는 '내가 그래도 온전히 내 능력으로 생존을 할 수 있었구나.' 하며 나름 안도의 한숨이 들기도 했다. 자유를 빼앗긴 것이 마음이 편하다니. 이중적인 마음이지만 그 당시는 그랬다. 완전한 자유란 감당하기 쉬운 것이 아니다. 나는 1년간 쉬지 않고 월화수목금토일을 새벽까지 일했다. 쉬는 것으로 당연시 여겨지는 직장인의 주말이 지금 내게 주는 느낌은 감회가 새롭다.

그래도 나는 1년간의 삶에 대해 자부심이 크다. 후회가 없는 삶을 살았기 때문이다. 후회 없는 삶을 살아감으로써 나는 자부심을 느낀다. 그게 내 삶의 철칙이자 한 번의 삶을 사는 올바른 자세라고 믿는다.

나는 내일 죽는다고 해도, 하나 다행인 것은 후회가 없다는 점이다. 사람들은 죽을 때 가장 먼저 떠오르는 것이 후회라고 한다. 포털 네이버에서 '죽을때'라고 검색해보면 '후회하는'이라고 이어지는 검색어 대부분이 상위를 차지하고 있다. 나는 매일같이 후회 없는 삶을 살기 위해 하고 싶은 것을 다 해보려고 노력하며 살고 있다.

"고등학교 시절에는 대학에만 들어가면 다 끝인 줄 알았지. 하고 싶은 일이 있더라도 대학까지 미뤘고. 그런데 대학에 막상 들어오면 할 일이 더 늘어나더라고. 회사에 취직하면 모든 것이 끝나는 줄 알았지. 하지만 이때부터도 또 시작이었어. 남들보다 더 나은 경쟁력을 쌓아야 하고, 성과를 내야 했지. 결혼까지 하고 자식까지 낳으니까 하루가 1초처럼 지나갔더라고. 하고 싶은 일이 참 많았는데 할 수가 없지 뭐야. 그리고 나선 은퇴를 하니까 이런 생각이 들더라고. 지나간 인생이 참 후회된다고. 젊은 시절로 돌아갈 수만 있다면 아마 해보고 싶은 건 다 해보지 않을까 싶어."

내가 아는 지인의 말이다. 은퇴하고 난 그는 지난날에 후회가 많다고 한다. 그는 지금이라도 늦지 않았다며 다시 활력을 찾고 후회 없는 인생을 살기로 했다. 그는 지금 작가로 활동 중이다.

후회하는 이들은 자신의 행동에 책임이 따른다는 것을 아주 잘 알고 있다. 그래서 항상 조심하고 쉽게 움직이지 않는다. 어떻게 보면 신중한 거지만, 할 수 있는 일도 두려움 때문에 쉽사리 행동에 옮기지 못한다. 100% 안전한 길만 생각하고 걸어가기에 실패하지는 않지만 짜릿한 성취감도 적다. 치명적인 건 미련이 남는다는 것이다.

후회 없는 인생을 사는 사람은 자칫 엉뚱해 보이기도 하며 어디서 튀어나올지 모르는 돌발행동으로 주변 사람들을 우려하게 만들기도 한다. 하지만 호기심이 많고 무엇을 이뤄내는 데 자신의 한계를 두지 않는다. 준비된 것이 없어도, 만들어 가면 된다고 생각한다. 실패를 해도 미련이 없으니 정신적으로 건강하다. 그리고 중요한 건, 원하는 바를 이뤄내며 즐겁게 살아간다. 이들이 인생을 사는 비결은 간단하다. 원하는 바를 될 때까지 해본다. 아마 이보다 강력한 건 없을 것이다.

나도 후회를 남길 뻔한 적이 꽤 있었다. 달성하기 어려울 것 같다는 종종 두려움이 엄습해서 내 의지를 움츠리게 만든다. 그럴 때마다 난 내 꿈을 생각하며 나를 바르게 세운다. 후회 없이 살면 성공도 더불어 따라온다.

우리의 시간은 한정되어있다. 하루는 24시간으로 정해졌고 누구에게나 공평하게 주어진다. 시간은 늘릴 수도 줄일 수도 없으며 무엇을 하든 안 하든 계속 흘러간다. 이 시간에 원하는 대로 사는 자와 그렇지 아닌 자는 시간이 지날수록 엄청난 차이를 불러온다. 누구보다 시간에 낭비하지 말고 후회 없는 인생을 살은 스티븐 잡스는 그의 〈스탠포드 대학교 졸업 연설〉 중에 이런 말이 했다.

"여러분의 시간은 한정되어 있습니다. 그러니 남의 인생을 살며 시간을 낭비하지 마십시오. 다른 사람들이 생각한 결과에 따라 살아야 한다는 세상의 정의에 현혹되지 마세요. 다른 사람의 의견 때문에 내면의 목소리가 묻히는 일이 없도록 하십시오. 그리고 무엇보다 중요한 것은, 마음 가는 대로, 직관이 향하는 대로 따라가는 겁니다. 여러분의 마음과 직관은 여러분이 진정 이루고 싶은 것이 무엇인지 이미 알고 있습니다. 다른 것은 모두 부차적일 뿐입니다."

삶이 끝나가는 순간이 다가왔을 때, 당신은 어떤 사람이 되고 싶은가? 지내온 삶에 박수를 쳐주는 사람인가, 후회와 미련만이 가득한 사람인가? 후회를 남기지 말고 인생을 살아보자. 이 세상을 떠나기 전 당신이 하고 싶은 모든 것을 다 하고 가자.
자녀에게 남겨줄 수 있는 최고의 유산은 돈이 아니다. 후회 없는 삶을 살아가는 법을 몸소 보여주는 것이다. 그러면 당신의 자녀가, 또 그 자녀의 자녀가, 당신은 굉장히 멋진 사람이었으며 동시에 당신이 그 가치대로 살았다고 말해줄 것이다.

지난날을 후회하며 내뿜은 한숨은 했던 일과 안 했던 것들에서 나온다는 것을 인지하자. 그래서 우리는 무언가를 하고자 할 때 누군가의 시선, 현재의 환경이 아닌 자신의 내면과 나아갈 꿈에 물어보고 행동을 결정해야 한다.

한 번뿐인 인생이다. 재주 부리는 곰으로만 살다 가지 말자. 불안하게 흔들리며 굴러가는 공 위에서 이제 내려올 시간이다. 후회 없는 인생을 살기로 결정한 순간부터 당신은 지금까지 살아왔던 시간 중 가장 에너지 넘치고 흥미롭고 만족스럽고 가장 생산적인 시간들로 바꿔나갈 수 있다. 원하는 대로 삶을 살자. 한 번뿐인 인생이다.

잠시 눈을 감고 오늘이 당신의 100번째 생일이라고 상상해보자. 당신의 자녀와 손주들이 축하를 하고 있고 기자들이 인터뷰를 하러 왔다. 기자들에게 무슨 말을 해줄 것인가? 후회되는 일은 아닐 것이다. 자 이제 눈을 떠 보자. 아직 늦지 않았다. 후회 없는 인생은 지금부터 시작이다.

> "앞으로 20년 후 당신은 저지른 일보다 저지르지 않은 일에 대해 더 후회할 것이다. 지금 당장 안전한 항구에서 밧줄을 풀고 항해를 떠나 탐험하고, 꿈꾸며, 발견하라."
>
> _ 미국 소설가 마크 트웨인(Mark Twain)

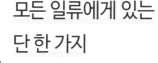

모든 일류에게 있는
단 한 가지

요즘 내 주변에는 3명의 고수들이 있다. 그들은 지금도 잘나가는 위치에 있음에도 불구하고 끊임없이 자신을 성장시켜 나가고 있다. 그러니 가속이 붙고 점점 성장하는 속도가 빨라져만 간다.

이들은 내가 다니는 NHN엔터테인먼트(이하 NHN엔터) 출신들이다. 나는 이 3명과 모두 일을 해 봤으며, 이들은 빠른 시간에 성과를 내고 자신의 역량을 끌어올린다. 그중 나와 가장 가까이서 일하는 한 명을 중점적으로 소개해보고자 한다.

초겨울 어느 하루, 면접실에 3명의 지원자들이 앉아있다. 경영 직무의 신입 공채 최종 면접, 여기만 잘 넘기면 합격이다. 모두 긴장한 채 자기소개를 머릿속으로 정리 중이다. 그 순간, 면접관이 자기소개도 듣지 않고 느닷없이 질문 하나를 던졌다.

"여러분, 생산관리 들으셨죠? 경영학과 출신이라면 다들 잘 알리라 생각합니다. 그럼 질문을 하나 해 볼게요. 조직의 생산성을 높이려면 무엇을 해야 할까요? 차례대로 말해보세요."

첫 번째 지원자가 〈도전! 골든벨〉에서 50번 문제를 맞췄다는 표정으로 자신 있게 대답했다.

"병목을 찾아서 제거해야 합니다!"

이내, 두 번째 지원자는 자신이 먼저 말하지 못해 아쉽다는 표정으로 말했다.

"저도 앞의 지원자와 동일하게 생각합니다."

그러자 면접관의 표정은 어두워졌다. 그리고 세 번째 지원자 H의 차례가 다가왔고 그의 한마디에 어두웠던 면접관의 표정이 금새 밝아졌다.

"병목은 제거가 아닌, 관리해야 합니다. 콜라 병의 병목을 넓히면 콜라가 더 잘 나오듯 말입니다."

면접관은 무릎을 치며 이렇게 말했다.

"그래 그거지. 자넨 책으로만 생산관리를 배우지 않았구먼!"

SKY와 나란히 앉아있던 지방대 출신의 H는 이 답변 하나로 그 둘을 제치고 이랜드 공채에 당당히 합격했다. 그는 지금 내가 일하고 있는 회장님과 부회장님의 직속조직으로 그룹사의 미래 먹거리를 찾아 나서는 NEXT전략팀의 팀장이다.

그는 유독 하고 싶은 것만 하는 습관이 있었다. 그래서 주입식 교육에서는 빛을 발하지 못했다. 그러나 대학을 들어오며 경영학에 심취했고 지방대 출신으로 어렵다는 이랜드 공채에 100대 1이 넘는 경쟁률을 뚫고 합격했다.

그렇게 회사를 다니다가 그는 창업에 도전했다. 그러나 2000년도 이후 벤처 버블이 꺼지며 투자가 원활하지 않아 회사는 어려워졌고, 그는 이랜드 중국 법인에 잠시 있다가 지금의 NHN엔터로 이직했다.

이직 초창기 그는 그저, 계열사의 직원에 불과했다. 오프라인 패션 회사 출신이 온라인 기반의 IT를 뭘 아냐며 주변의 곱지 않은 시선도 있었다. 그러나 오히려 오프라인 커머스 지식을 바탕으로 온라인 커머스를 섭렵하고 IT에서 온오프라인을 다 알고 있는 몇 안 되는 사람으로 거듭났다. 그리고 그 역량을 인정받아 본사로 러브콜을 받았다.

본사에서는 PAYCO 서비스를 만들었고, PAYCO를 시장의 높은 위치로 만들어 냈다. 그 공을 인정받아 그는 지금 회장님 직속 조직의 팀장 자리에 올랐고 다양한 분야에 능통한 고수로 인정받고 있다. 계열사 직원으로부터 고작 3년 안에 벌어진 결과다.

다른 한 명은 나와 PAYCO 시절 같이 일했던 이사님이다. 아주 독특한 커리어를 가지고 있는 것으로 유명하다. 그는 회사를 다니기 시작한 이래, 커리어의 전부를 임원으로 보냈다. 심지어 처음 직장은 옥션의 창업 멤버다. 여기에서 그는 천문학적인 돈을 벌었다. 이후 그는 옥션을 나와 자유로운 삶을 즐기다가 솔루션 회사를 하나 더 차려서 키운 다음 타 회사에 매각을 했다. 그 회사는 내가 다니는 NHN엔터였고 매각과 동시에 PAYCO 사업의 임원으로 조인했다.

여기에서도 그는 얼마 지나지 않아 특정 지역 내에서 어디서나 모바일로 결제가 가능한 'PAYCO ZONE'이라는 서비스의 영업망을 구축했고 IT서비스에 익숙한 20~30대 고객들이 모여있는 대학교 내부 및 주변 상권을 중심으로 확장시키며, 오프라인 결제 서비스의 점진적 확장에 기여했다. 지금은 회사를 나와 새로 차린 회사를 운영하며 마음껏 자신의 꿈을 펼치고 있다.

마지막 한 명은 부회장님이다. 그는 30대 후반에 온라인 결제서비스 1등 회사인 이니시스의 대표를 역임했다. 아무리 빨라도 팀장을 하는 나이에 벌써 대표를 맡았다. 그 후 NHN계열사의 대표로 잠시 있다가 본사의 러브콜을 받고 PAYCO 본부장으로 들어왔다. 그리고 여기서부터 2년 만에 부회장이 되었다.

그는 업그레이드 법칙의 전문가다. 그의 좌우명에까지 업그레이드 법칙이 녹아있을 정도다. 그는 일전 직원들을 대상으로 하는 강연에서 자신의 성공비결을 좌우명에 빗대어 알려준 적이 있다.

"여러분, 제가 어떻게 젊은 나이에 대표이사가 되고, 부회장까지 되었을까요?

비결은 제 좌우명에 있습니다. 이 법칙을 매일같이 실행하다 보니 어느새 부회장이 돼버렸습니다. 저의 좌우명은 '할 수 있을 때 한다'

입니다. 저는 여기서 '때'라는 것에 관심이 많습니다. 이것만 잘 알아도 자연스레 매 순간을 열심히 살아가게 됩니다. 오늘의 선택이 내일의 나를 만든다는 것을 알기 때문입니다. '때'를 알기 위해선 자각이 필요합니다. 그래서 저는 저 자신과 저의 목표를 알기 위해 의도적으로 노력해 왔습니다.

저는 '한다'라는 말도 중요하게 생각하고 실천해 왔습니다. '때'를 알아도 실천이 없다면 말짱 도루묵입니다. 그럼 하는데 얼마나 해야 하느냐?

이는 '임계치'를 넘는 만큼 해야 합니다. 목표를 달성할 때까지 반복한다는 겁니다. 그럼 누구나 원하는 바를 이룰 수 있고, 이것이 제가 부회장까지 올라갈 수 있던 단 하나의 비결입니다."

이들 3명에게는 공통적인 특징이 있다. 나 자신도 놀라울 만큼 업그레이드 법칙을 흡사하게 활용하고 있다는 점이다. 이들 모두 자신의 성향을 이해하고 이를 바탕으로 꿈을 가지고 있다. 자신의 부족한 점을 알아차리고 학습과 생각을 통해 자기 자신을 업그레이드할 방안을 만든 후 임계치를 넘을 때까지 도전하여 놀라운 성과를 창출한다. 무엇보다 이 법칙에서 가장 근간이 되는 꿈을 모두 다 명확히 가지고 있다.

나는 매 강연마다 청중들에게 이렇게 말한다.

"꿈을 가져야 합니다. 끊임없이 자신의 꿈을 긍정하세요. 그럼 스스로 배우게 되고 노력합니다. 지금 바로 여러분의 꿈을 찾고 이를 격려하세요."

나 또한 내가 원하는 바를 이루어낸 근간은 단 하나다. 꿈이 있었기 때문이다. 모든 성취는 꿈이 있는 것으로부터 시작한다. 꿈은 두루뭉술한 솜사탕 같으면 안 된다. 눈에 보일 만큼의 선명한 꿈이어야 한다. 그래도 당신에게 꿈이 있다면 그게 무엇이든 간에 기뻐할 가치가 있다. 이를 기반으로 업그레이드 법칙을 사용하면 된다. 그럼 그 꿈은 당신을 일류의 길로 인도할 것이다.

꿈이 있어야 사는 맛이 나고 잘살 수도 있다. 꿈은 호기심을 불러일으키고 일류로 나아가는 발판을 마련해준다. 다소 시간이 걸려도 반드시 좋은 결과로 보답한다. 꿈은 그 과정에서 난관이 있어도 당신에게 긍정적인 에너지로 격려해 준다. 당신이 목적지로 가는 데까지 노래를 부르며 갈 수 있도록 도와준다.

앞서 소개한 3명의 고수들 그리고 나처럼, 당신도 꿈을 가지고 일류로 나아가는 삶을 살아 보면 어떠한가? 업그레이드 법칙을 통해서 꿈을 찾고 활용 방법을 익힌다면 당신의 매 발자취마다 성과라는 자국이 남을 것이다. 매일매일 즐겁고 신이 날 것이다. 원하는 대로 살면서 나를 발전시키고 성과까지 나는 방식의 삶. 한번 살아 보자. 재미는 보장한다.

도전이 즐거워야
결과가 이롭다

어느 날 친구와 저녁을 먹던 도중이었다. 친구는 새로운 것에 도전하는 중이었고 몇 가지 부정적인 부분 때문에 고민이 많았다. 나는 친구에게 최대한 긍정적인 면을 보면 어떠냐고 이야기했고 친구는 내게 이렇게 말했다.

"정말 너는 극단적인 낙천주의자구나!"

나는 이렇게 답했다.

"그게 뭐가 어때서? 어차피 결과는 알 수 없잖아. 그렇다면 즐겁게 도전하는 편이 좋지 않을까? 좋은 것을 바라보는 게 뭐가 나쁘냐고? 나쁠 건 하나도 없어! 한 번 만 긍정적으로 보려고 해봐. 그럼 결과도 좋다니까?"

친구는 고개를 끄덕이며 부정적인 생각을 버리고 즐겁게 도전하기로 했고 결국 원하는 바를 이뤘다. 나는 늘 즐겁게 도전하려고 애쓴다. 부정적인 생각은 오히려 결과에 다가가는 장애물이라고 생각하기 때문이다. 하지만 늘 도전에 앞서 현실적으로 가능성을 판단하고 판단이 끝나면 즐겁게 도전한다.

미국의 어느 심리학 교수가 학생들을 대상으로 다음과 같은 설문을 진행했다.

▼ 당신의 전공을 선택한 이유는 무엇입니까?
❶ 좋아하기 때문이다.
❷ 졸업 후 더 많은 돈을 벌 수 있기 때문이다.

이 설문은 1,500명을 대상으로 진행되었다. 245명은 좋아하기 때문이라고 답했고 1,255명은 돈을 벌기 위해서라고 말했다. 설문의 목적은 10년 후 설문에 응답한 학생들이 어떻게 살아가고 있는지를 알아보기 위함이었다.

10년이 지나고 교수는 그 결과를 살펴보았다. 그리고 놀라운 통계가 나왔다. 돈을 벌기 위해 전공을 선택한 1,255명 중 부자가 된 사람은 고작 한 명에 불과했다. 좋아하기 때문이라고 답한 245명은 무려 116명이 부자로 살고 있었다.

설문이 진행될 당시, 대부분의 사람들은 후자가 부자가 될 것이라고 믿었다. 돈에 관심이 많으면 부자가 될 것이라는 판단에서였다. 하지만 정작 부자가 되는 길은 달랐다. 자신이 원하는 것에 즐겁게 도전하는 자세를 간직하는 것이었다. 원하는 일을 하며 결과까지 좋고 성공까지 할 수 있다는 놀라운 연구결과였다.

무언가를 이루어야 할 때 우리는 열심히 노력하는 것이 중요하다고 배웠다. 그러나 '열심히 해야지'의 자세로 접근하게 되면 오히려 만전의 노력을 기울이기가 어렵다. 지금까지 노력했는데 어떻게 더 열심히 해야 하나 싶은 오만한 생각이 들기 때문이다.

오만해지면 싫어하는 일을 하더라도 참으며 열심히 해야 한다는 엉뚱한 자기 자신의 논리에 결박되기 쉽다. 도전이 즐겁기 위해 가장 먼저 필요한 것은, '내가 원하는 것'이어야 한다. 그럼 진짜 열심히 하게 된다. 열심히 하니까 계속할 수 있는 것이 아니라, 원하고 즐기기에 계속하는 것이다.

이는 세계적으로 유명한 자기계발 작가이자 동기부여가 나폴레온 힐의 회고록에서도 여실히 드러난다.

어느 날 나폴레온 힐이 일에 몰두해 있을 때였다. 한창 업무로 바쁜 도중 어느 판매원 한 명이 그의 사무실로 들어왔다. 그 판매원은 대뜸 힐에게 잡지 한 권을 들이밀며 이렇게 말했다.

"선생님, 잡지 하나 구독하시지 않겠어요?"

몰입에서 깨어난 힐은 다소 황당한 표정으로 판매원을 쳐다보았다. 판매원은 긴장이 가득해 보였고 표정은 '나 너무 피곤해요'라고 말없이 외치고 있었다. 급한 일을 처리 중인 그는 이내 화가 났다. 바쁜데 방해한 것도 있었지만 오만상을 찌푸린 판매원의 모습 때문에 더 그랬다. 힐은 판매원에게 당장 나가달라고 소리쳤다.

그 후 며칠이 지났고 또 누군가가 그의 사무실을 찾았다. 다른 사람이지만 이번에도 그 잡지사의 판매원이었다. 그러나 전에 왔던 판매원과는 달리 이번에 온 사람은 뭔지 모를 에너지로 가득해 보였고 표정 또한 좋아 보였다. 새로운 판매원은 힐의 사무실에 놓인 여러 권의 잡지를 보더니 그에게 살며시 미소를 지으며 말을 건넸다.

"선생님, 집필에 바쁘실 텐데도 시간을 내서 잡지를 보시는군요! 덕분에 저도 긴장이 풀리는걸요?"

에너지와 위트까지 겸비한 판매원은 힐의 마음을 움직였다. 얼마 후 판매원은 인사를 하고 그의 사무실을 나왔다. 판매원의 손에는 여러 개의 주문서가 들려있었다. 힐뿐만 아니라 힐과 같이 일하는 다른 직원들까지도 덩달아 잡지를 주문한 것이었다. 즐겁게 도전하니 결과 또한 성공적이었던 것이다.

미국 신대륙을 발견한 크리스토퍼 콜롬버스(Christopher Columbus)도 도전이 즐거웠다고 한다. 당시 사람들은 새로운 시도를 두려워해 해안선을 4일 이상 떠난 적이 없었는데 그는 기존의 동쪽 항로가 아닌 서쪽이라는 신항로의 도전을 결심했다. 그 후 이사벨 여왕의 도움으로 1492년 8월, 배 3척을 가지고 두 달 만에 아메리카 대륙을 발견했다. 도전을 즐겼기에 위대하고도 이로운 결과의 전형이다.

이렇게 도전을 즐기기 위해선 자신감 또한 매우 중요하다. 성공학의 대가 오그 만디노(Og Mandino)조차 "성공하기 위해 갖춰야 할 덕목은 여러 가지가 있지만, 그중에서 가장 중요한 것이 바로 자신감이다."라고 했듯이 말이다. 그가 제안하는 자신감을 가지는 비결은 다음과 같다.

> 첫째, 자신의 운명은 스스로 좋은 방향으로 바꿀 수 있다고 생각하고 용기를 가져라. 운명은 우리 손으로 선택할 수 있고 성공을 원하면 자신의 운명을 바꾸려는 용기가 필요하다.
>
> 둘째, 현재 가지고 있는 것들을 긍정하라. 신발 한 켤레를 더 갖지 못해 짜증이 난다면 이는 두 다리를 갖지 못한 사람을 보지 못했기 때문이다. 당신이 가진 두 다리의 귀중함을 발견하면 더 큰 자신감을 가질 수 있다.
>
> 셋째, 자신의 장점을 극대화시켜 목표를 달성하게 해야 한다. 지금 당장 가진 것과 재능이 없다 해도 자신의 장점을 찾아내고 노력하면 자신감이 찾아온다.

이렇게 자신감을 가지고 도전에 임하면 열정도 함께 따라온다. 그럼 당신의 잠재력은 극대화되어 원하는 바를 이룰 수 있다. 하버드의 어느 학자 또한 "열정은 우리가 최대한의 잠재력을 발휘하게 한다. 그리고 우리는 이러한 잠재력을 통해 엄청난 성공을 얻을 수 있다."고 했다. 그리고 이 모든 근간은 단 하나다. 그것은 바로 '무엇을 하고자 원하는 것'으로부터 시작한다. 그럼 도전이 즐겁게 된다. 어떤 것을 할 때마다 그 자체로 과정이 순탄해지며 동시에 결과까지 이롭다.

목적을 이룰 때 즐겁게 도전하자. 원하는 바에 도전하면 즐겁다. 자신만의 꿈이 바탕이 되니 매사에 재미가 있다. 노력 또한 자연스럽게 이행된다. 도전하기에 괴로운 것이라고, 고통도 도전의 일부라고 스스로를 세뇌시키지 말자. 도전은 본디 즐거워야 하는 것이고 즐거워야 좋은 결과가 나오기 때문이다.

삶은 누구에게나 쉽지는 않다. 성공적인 인생을 살기 위해 꺾이지 않는 투지도 중요하지만, 더 필요한 것은 자신이 원한다는 것이다. 일류로 나아가는 삶은 원하는 것에서 흘러나오는 의지에서 비롯된다는 사실을 기억하자. 도전이 즐거워야 결과가 이롭다.

"자신을 어떻게 생각하느냐가 자신의 운명을 결정짓는다."
_철학자이자 시인, 헨리 데이비스 소로우(Henry David Thoreau)

실패 또한 일류가 되는
하나의 과정

"인생의 기념일은 여러분을 기쁘게 해줍니다. 그런데 인생의 기념일에는 중요한 한 가지가 빠져 있습니다. 그것은 바로 실패에 대한 기념일이죠. 우리는 성공을 기념하는 날은 있어도 실패를 기념하는 날은 없습니다. 실패를 기념함으로써 비로소 성공의 싹을 틔웁니다. 일류가 되기 위해서는 결국 이 실패를 어떻게 극복하느냐가 관건입니다."

취업에 어려움을 겪으며 실패에 진절머리가 나는 한 학생에게 해준 말이다. 그는 이 말을 듣고 그의 실패를 교훈으로 삼아 결국 자신이 원하는 바를 얻어냈다.

그에게는 자신이 하고 싶은 일이 있었다. 원하는 진로도 있었다. 훌륭했다. 하지만 그 계획을 실행하는 방법에 대해서는 무지했기에 취업 도전 중 많은 어려움을 겪었다. 그럼에도 불구하고 강단 있는 성격이었던 그는 포기하지 않고 끈질기게 도전하여 취업의 어려운 관문을 뚫었다.

문제는 그가 가고자 하는 방향과는 완전히 다른 업계의 회사에 합격했다는 것이었다. 20대 초반부터 앞으로 미래까지 하고 싶은 것이 있었기에 합격 후 자신의 비전을 깨고 현실과 타협하는 것에 심한 갈등을 겪었다고 했다. 끝내 그는 신입사원 연수 도중 어렵게 얻은 합격을 걷어차고 나를 찾아왔다.

나는 업그레이드 법칙을 기반으로 그에게 방향을 정하고 나서는 어떻게 실행해야 하는지 알려줬다. 취업의 관점에서 내가 만들어 놓은 방법을 바탕으로, 실행력을 높이는 방법에 대해 여러 조언을 해주었다. 그 후 그는 뭔가에 홀린 사람처럼 미친 듯이 준비했다. 내가 봐도 놀라울 정도였다. 명확한 방향과 방법을 접목하니 미칠 수 있었던 거라고 그는 말했지만, 임계치를 넘을 때까지 노력하는 그의 의지가 빛을 발했다. 꿈이 있었기에 가능했던 것이다.

그가 도전한 한 회사는 5년 만에 신입 직군이 열린 곳이었다. 회사가 워낙 좋다 보니 동종 업계 다른 회사의 경력직 출신들도 지원했다. 그러나 철저하고 치밀하게 준비한 데다 열망까지 강렬한 그를 이길 순 없었다. 마침내 그는 최종 합격의 영광을 안았다. 업계 내 최고의 회사였다. 입사 후 그는 내게 종종 연락해 자신에게 업그레이드 법칙을 알려줘서 고맙다고 감사인사를 전한다. 그는 요즘도 이 법칙을 기반으로 설계한 자신의 인생길을 따라 자기계발을 지속하고 있다.

나 또한 예전 실패한 댄서의 길에서 좌절을 겪었다. 하지만 나 자신에게 좌절에 대한 변명을 늘어놓지는 않았다. 실패를 통해서 진짜 꿈을 찾아야겠다는 교훈은 확실히 배웠기 때문이다. 그래서 실패를 흘려버리고 내 진짜 꿈을 찾아보았다.

이제는 '그땐 그랬지.' 하며 웃는다. 포기하지 않으면 원하는 바를 이룰 수 있다는 것을, 나는 직접 체험했다. 그래서 실패가 있어도 딛고 넘어설 수 있는 끈기가 생겼다. 할 수 없다고 생각하는 일을 해낼 수 있는 자신감도 생겼다.

나는 스물일곱 살부터 일을 시작했다. 내가 처음 몸담은 컨설팅 회사에서는 남자 최연소로 들어갔다. 요즘 취준생들에 비해 일찍 취업에 성공한 편이다. 당시 내 주변을 둘러봐도 늦게 취업한 이들이 상당히 많았다. 특히 계속되는 취업 재수로 졸업을 연기하는 이들이 대다수였다. 지금 다니는 회사에서는 최연소 과장으로 승진했고 회장님 직속 조직 중 최연소 멤버다.

누구는 나보고 운이 좋았으려니 하고 말하기도 한다. 하지만 내가 만들어낸 이 결과의 이면에는 수많은 시행착오와 실패가 있었다. 목표를 달성하기 위해 수없이 많은 임계치를 넘나들었고 도중에 포기하고 싶은 적도 수천 번이나 있었다. 그래도 나는 포기하지 않았다. 물이 100℃가 되어 끓을 때까지 나는 버티고 또 버티며 나를 업그레이드해나갔다.

그래서 남들보다 일찍 취업에 성공했고 승진도 빠르게 했다. 업그레이드 법칙의 실행 끝에 쥘 수 있었던 나의 미래였다. 그리고 나는 지금도 내 미래를 위해 투자하고 있다. 조급해하지 않고 여유를 가지면서 또 다른 목표를 향해 나아가고자 준비 중이다.

특히 취업에 성공했다 해서 그 자리에 멈춰 서지 않은 것은 내 꿈이 있기 때문이었다. 항상 내가 가야 할 다음 행선지를 위해 열심히 배워나갔고 나를 성장시켰다. 시간이 있을 때는 나의 가치를 올려줄 자기계발에 과감히 투자했다. 야근 때문에 몸과 마음이 고단할지라도, 내가 쌓아가는 지식이 나중에 나를 위해 사용될 것을 생각하니 기꺼이 버텨낼 수 있었다.

이 모든 것은 업그레이드 법칙을 사용할 때부터 계획되었다. 취업에 성공해도 좋은 회사를 다녀도 나태해지지 않고 나의 길을 갈 수 있었다. 만약 이 법칙 없이 당장의 앞길에만 매달렸다면, 나는 분명 더 늦은 목표를 달성했을 것이다. 어쩌면 아직도 취준생이라는 위치를 벗어나지 못했을지도 모른다. 하지만 나는 내가 쥔 미래를 가지고 또 다른 국면을 위해 오늘도 힘차게 나아가고 있다.

20대에서 30대 사이는 천금을 주고도 살 수 없을 만큼 값진 시기다. 하루하루가 돈과의 전쟁이라고 해도 과언이 아니다. 그래서 하고 싶은 걸 하루라도 어릴 때 하고 싶은 걸 다 해봐야 한다. 그 과정에서 실패를 겪기도 하지만 아직 일어설 수 있는 나이다.

나이를 먹어가면 갈수록 실패에 대한 부담은 커져만 간다. 그래서 원하는 바를 하고자 하는 엄두가 잘 안 난다. 특히 돈이 들어가거나 위험이 높은 일들은 더 그렇다. 현실에 메여 자신을 더 성장시킬 수 있는 자기계발에 투자하거나 자기 사업에 도전해볼 생각은 멀어져만 간다.

만약 당신이 취업에 목을 맨 상황이라면 아마 이런 일들은 생각하기 힘들 것이다. 그런데 취업에 성공해도 결혼을 한다면 어떨까? 이런 시도는 더더욱 어려워진다. 그러니 시간에 대한 부담이 적을 때 자신을 위한 과감한 투자도 하고, 도전도 해보라는 것이다. 그렇게 할 때 더 나은 미래를 향해 나아갈 수 있다.

새벽이 되기 바로 직전이 가장 어둡다는 말은 전혀 진부하지 않다. 포기하지 않고 나아가다 보면 당신의 시대가 오게 된다. 포기하지 않으면 원하는 바를 이룰 가능성이 극도로 높아진다. 이 세상에 끈기를 대신할 만한 것은 없기 때문이다. 재능도 그 자리를 대신할 수 없다. 재능이 있으면서 성공하지 못한 사람들은 수없이 많다. 천재도 마찬가지다. 제대로 대우받지 못하는 천재도 흔하다. 교육도 끈기를 이길 수 없다. 이 세상에는 교육받은 낙오자들이 넘쳐난다. 포기하지 않는 끈기가 변화를 이끌어 낸다.

사람이 익사하는 것은 강에 빠졌기 때문이 아니라 강에서 빠져나오지 못했기 때문이라고 한다. 실패에 좌절하지 않고 버텨보자. 오히려 당신이 가진 실패라는 흉터들에 자부심을 가져보자. 그것들은 당신의 삶에 대한 의지를 상기시켜 주는 훌륭한 훈장일 테니.

실패로 인해 기분이 우울해질 때는 마음을 느긋하게 갖고 기다려

라. '오늘 컨디션이 최고야!'라고 말하는 사람들의 99%도 말은 그렇게 하지만 실상 당신과 별다를 바가 없다. 실패 또한 일류가 되는 하나의 과정이다.

> "나는 이렇게 한다. 뒤로 지나간 일들은 잊어버리고 앞에 있는 일들을 향해 손을 내민다."
> _성경 빌립보서 3:13

성공은 가장 솔직한
노력의 언어

정호승 작가의 『울지 말고 꽃을 보라』에서는 청둥오리에 대해 이렇게 언급한다.

"언뜻 보기엔 청둥오리가 물 위에 아주 쉽게 떠 있는 것 같지만 실은 그렇지 않아요. 물밑에서는 양다리를 필사적으로 놀리면서 헤엄을 치고 있어요. 청둥오리가 물 위에 우아하게 떠 있다는 것과 전력을 다해 물을 헤쳐나간다는 것은 기본적으로 한 가지 사실이면서도 동시에 두 가지 사실이지요. 그런데 우리는 늘 한 가지 사실만 보고 부러워한답니다. 저 녀석이 물에 떠 있기 위하여 얼마나 힘들겠어요."

그렇다. 무엇이든 얻기 위해서는 노력이 필요하다. 이는 오래전부터 전해져 온 유물 중 하나이며 결코 변하지 않는 진리다.

오래전, 어느 왕이 현인들을 불러 하나의 임무를 부여했다.

"여러분, 세계의 지혜에 대해 자료를 수집해서 책으로 만들어 주시오. 훗날 자손에게 넘길 수 있게 말이오.”

현인들은 머리를 싸매고 오랜 시간 동안 임무에 착수했다. 결국 그들은 지혜를 집대성한 12권의 책을 가지고 왕에게 찾아왔다. 세기의 지혜가 담겨 있다고 말했다. 왕은 책을 보더니 이렇게 말했다.

“여러분이 말하는 대로 이 12권의 책이 세계의 지혜라고 생각하오. 인류가 알아야 할 지식이 담겨있다고 믿소. 그러나 분량이 너무 많아서 사람들이 읽을 것 같지 않소. 요약을 해주시오.”

현인들은 다시금 열심히 요약을 했고 책 한 권의 분량으로 만들어 왕을 다시 찾았다. 하지만 왕은 아직도 분량이 많다고 생각해서 다시 한 번 요약을 명했다. 현인들은 한 단원, 한 페이지, 한 문단으로 분량을 줄이며 마지막엔 한 문장으로 요약하는 것에 성공했다. 왕은 그 사실에 매우 기뻐하며 현인들에게 이렇게 답했다.

“이 문장이야말로 세계의 지혜요. 모든 사람들이 이 진리를 깨닫게 되면 살아가는 데 아무 문제도 없을 것이오.”

그 한 문장은 매우 간단했고 다음과 같았다.

“공짜 점심은 절대 없다.”

그렇다. 무엇을 얻기 위해선 대가가 있어야 한다. 점심을 먹기 위해선 일을 해야 하듯, 목표를 이루기 위해선 노력이 필요하다. 다만 누구에게 떠밀려 하는 것이 아닌 자발적 노력이어야 한다. 모든 성공법칙이 그러하듯, 업그레이드 법칙도 자발적 노력을 하게 만드는 도구다.

많은 사람이 일류가 되기 위해선 희생이 필수라고 말한다. 이 말에는 '억지로 하는 노력'이라는 전제가 깔려 있다. 하지만 자신이 원해서 들이는 노력이라면 희생이 아닌 사랑으로 관점이 바뀐다. 내가 하고 싶은 일이기 때문에 사랑의 자세로 임한다. 마치 세계 대 백과사전의 영업사원인 존 네빈처럼 말이다.

그는 자기 회사의 사전을 널리 전파하고 싶은 꿈이 있었다. 이 대단한 내용을 전세계 사람들에게 알리고 싶었다. 그는 이 목표를 꼭 이루고 싶었기에 자연스레 노력을 하게 되었고 단기간에 파트타이머에서 호주 지사의 경영 이사가 되었다.

프랑스의 화가 피에르 오귀스트 르누아르(Pierre-Auguste Renoir)도 자발적 노력으로 유명하다. 그는 노년에 관절염으로 고생해서 했음에도 불구하고 손가락 끝으로라도 붓을 움켜쥐고 그림을 계속 그렸다. 이를 측은히 본 그의 동료 마티스는 그에게 왜 그렇게 까지 하는지 묻자 르느와르는 이렇게 답했다.

"내 고통은 한순간이지만 아름다움은 영원히 남는다."

그의 자발적 노력의 정점을 엿볼 수 있다.

대부분의 사람들은 역경이 찾아올 때 자신 능력의 한계를 탓한다. 그러나 이는 주로 능력보다는 그저 제대로 된 노력을 기울이지 않아 문제에 봉착한다. 그 이유를 살펴보면 동기 부족이 대부분이다. 꿈도 없고 나아가야 할 모습조차 없다. 그래서 과감하게 도전하지 못한다. 자발적으로 노력할 수가 없다. 인간의 무한한 잠재력과 가능성을 발휘할 수 없는 환경에 처한다.

업그레이드 법칙의 궁극적 목표는 이룰 수 있다는 신념과 강한 동기 기반의 자발적 노력으로 인간의 무한한 잠재력을 끌어내어 계속된 발전을 통해 원하는 바를 성취하는 것에 있다. 목표달성 기법 중 하나인 'PDCA 관리법'으로 유명한 데밍박사(Edwards Deming)가 한 말을 보면 더 이해하기 쉬울 것이다. 잠시 그의 말을 빌려보자.

"오늘 당신의 능력을 100이라고 해 봅시다. 그럼 내일은 여기에다 1%만 더한다는 생각으로 노력하는 겁니다. 그럼 여러분의 능력은 101로 향상되겠죠? 그렇다면 모레에는 101의 능력치에 1%의 노력을 더 기울여보십시오. 그럼 102.01의 능력이 될 것입니다.

이렇게 눈덩이처럼 여러분의 능력을 굴린다면, 자신조차 모르는 사이에 순식간에 커진 능력을 깨닫게 될 것입니다. 그렇게 반복하다 보면 여러분의 능력은 4배 이상 향상될 것입니다. 이것이 바로 1%의 기적입니다!"

그의 말처럼 1%씩 발전시켜 나가면 원하는 바를 이룰 수 있다. 특히 우리 세대는 자신을 지속적으로 발전시키는 것이 매우 중요하다. 이전 세대는 소위 '스카이'만 나와도 평생을 먹고 살 수 있었지만 이제는 그렇지 않다. 한스컨설팅의 한근태 대표 또한 "새로운 시대의 문맹은 글자를 못 읽는 사람이 아니라, 공부하기를 중단한 사람"이라고 언급하며 지속적인 발전의 중요성을 강조했다.

참고로 이런 지속적인 노력은 계속 언급한 것처럼 강력한 동기에서 비롯된다. 강한 동기는 무엇이든 만들 수 있고 성공을 위해 필요한 노력을 일으키는 근본적인 힘이다. 이것만 있으면 불가능을 가능으로도 만들 수 있다. 단, 늘 말하지만 꿈이 전제되어야 한다.

미국의 프로 골퍼 벤 호건(Ben Hogan)은 PGA 투어 메이저대회 9승을 포함하여 총 63회 우승하면서 그랜드슬램을 달성하였고 역사상 가장 위대한 골퍼로 선정되었다. 이렇게만 들으면 그는 그저 천재 같이만 들린다. 하지만 그는 다른 프로골퍼처럼 훌륭한 신체조건도 없었고 심지어 한때는 골프선수의 생명이 끝났다고 들었던 사람이었다.

어느 안개 낀 아침, 벤은 부인 발레리와 함께 고속도로를 달리고 있었다. 커브를 돌 때 갑자기 마주 오는 버스의 강한 불빛이 눈앞을 덮쳤고 두 차가 충돌하는 큰 사고가 일어났다. 벤은 부인을 보호하려고 그녀 앞으로 몸을 던지다가 튀어나온 핸들 축에 찔려 큰 부상을 입었고 며칠 동안 생사를 넘나드는 수술을 받았다. 다행히도 죽을 고비는 넘길 수 있었지만 의사들은 하나같이 골프선수의 생명은 끝났고 걷는 것조차 어려울 것이라고 입을 모아 말했다.

그러나 사고는 벤의 '최고의 골퍼가 되자'는 강한 꿈을 꺾을 수 없었다. 엄청난 고통을 느낌에도 불구하고 매일같이 몇 발자국씩이라도 걸었다. 계속해서 자신의 손을 강화하는 훈련을 했다. 어딜 가든 골프클럽을 들고 다녔고 집에서는 일어서기조차 힘든 다리를 지탱하고 스트로크 연습을 했다. 그리고 다시 골퍼로 복귀했다.

처음에는 큰 부상 탓에 볼을 몇 번밖에 치지 못하고 경기가 끝났지만 포기하지 않고 노력했다. 계속 그의 성적을 갱신했고 짧은 시간 안에 전설의 챔피언이 되었다. 최고의 골퍼가 되자는 너무나도 강력한 동기가 엄청난 노력으로 이어지고 결국 모든 불가능의 요소를 가능으로 만들어버린 것이다.

많은 이들이 성공의 문 앞에서 좌절한다. 능력 부족이라기보단 자포자기가 크다. 한번 어제보다 조금이라도 더 나은 자신이 되겠다고 다짐해 보자. 스티븐 호킹 박사(Stephen Hawking), 베토벤(Ludwig van Beethoven), 헬렌 켈러(Helen Keller) 등이 성공할 수 있었던 것은 업그레이드 법칙을 기반으로 강한 동기 하에 자발적인 노력을 했기 때문이다(팁이지만, 나는 자질이 없어도 마치 필요할 자질을 갖고 있는 것처럼 행동했다. '마치 그런 것처럼'의 테크닉을 매번 시도해보라).

성공은 노력하는 자들이 이루는 것이다. 매번 일은 똑같이 하면서 결과가 다르기를 기대할 수는 없다. 오늘 하루가 어제와 별다를 게 있는 날로 만들어보자. 자발적 노력을 바탕으로 원하는 바를 이루는 성취감을 느껴보자.

> "인생에서 그저 우연히 일어나는 일은 아무것도 없다는 것을 알라."
> _작자미상

당신을 일류로 이끄는
응원군을 찾으라

"대 한 민 국! 짝짝 짝 짝짝!"

얼마 전 TV에서 축구경기 재방송을 봤다. 우즈베키스탄과의 월드컵 예선이었는데 붉은 악마의 응원 소리가 인상적이었다. 만약에 축구를 하는데 경기장에 관중이 아무도 없다면 어떨까? 아마 경기를 할 기분이 나지 않을 것이다. 하지만 수만 명이 응원한다면 그 응원을 받는 선수들은 꼭 이기겠다는 마음이 더 생길 것이다. 2002년도 월드컵에서와 같이 말이다.

이런 응원은 비단 경기에서만 효과가 있는 것이 아니다. 자신 주변에 응원해주는 사람이 많으면 많을수록 그만큼 일류로 나아가는 과정이 편안해진다. 그리고 실제로 응원은 개인의 성공에 효과가 있음이 증명되었다.

1955년, 하와이 카우아이 섬에 833명의 아이가 태어났다. 그 아이들을 대상으로 30년간 카우아이 섬 종단 연구로 불리는 대규모 심리학 실험을 진행했다. 833명의 신생아 중, 201명은 가정환경이 안 좋은 소위 '고위험군'으로 분류된 가정환경 속에서 태어났고, 연구진들은 분명 아이들이 사회부적응자로 성장할 거라 예상했다. 그러나 그들이 성인이 되었을 때 이 모든 예상은 깨지고 말았다. 실험군 201명 중 약 3분의 1에 해당하는 72명이 화목하고 부유한 가정환경에서 자란 아이들보다 더 도덕적이고 사회적으로도 성공적인 삶을 이뤄냈다.

여기서 연구진들은 부모의 경제적 지원도 받지 못하고 온갖 절망적인 상황에서도 성공한 이들을 보고 하나의 공통점을 발견했다. 이는 바로 아이들 주변에 있었던 어떤 사람들의 존재였다. 성공한 이 아이들의 주변에는 어떤 상황에서도 아이들을 믿어주고 그들의 성공을 무조건적으로 믿어주는 사람이 있었던 것이다. 할머니나 친척, 때로는 이웃 사람이나 선생님 같은 이들 말이다. 성공한 아이들의 옆에는 단 한 명이라도 자신의 편이 되어주는 존재가 있었던 것이다.

우리의 주변에는 여러 유형의 사람이 있다. 그런데 어떤 사람은 만나면 기운이 나는 반면 어떤 사람은 만날 때마다 힘이 빠진다. 후자의 사람들이 주변에 많으면 당신의 성공에 장애물이 되는 요인으로 작용한다. 그럼 전자의 사람들은 어떻게 만날 수 있을까? 여기 그 기준이 있다.

성공을 위한 주변 사람 선별기준

❶ 이 사람과 시간을 보내면 기운이 나는가?

❷ 이 사람은 내가 성공한 사람이 되길 바라는 것 같은가?

❸ 이 사람은 내 목표를 달성하도록 도와줄 수 있는가?

이런 사람이 주변에 많으면 좋다. 그럼 지금은 어떠한가? 자신의 현 상태를 살펴보자.

당신의 꿈과 목표를 달성하게 도와줄 사람, 3명의 이름을 적어보자

_____

어떠한가? 당신의 주변에는 당신을 도울 사람이 많은가 적은가? 이어서 다음의 퀴즈에 답해보자.

❶ 세계 최고 부자 5명을 말해보라.

❷ 지난 5년간 노벨상을 받은 5명의 인물을 말해보라.

❸ 지난 5년간 한국야구를 주름잡은 최고의 선수 5명을 말해보라.

❹ 지난 5년간 미스코리아 대회에서 진으로 뽑힌 5명의 미인을 말해보라.

❺ 지난 1년간 국내 축구 경기의 우승팀을 말해보라.

❻ 지난 1년간 남우주연상 여우주연상을 받은 인물을 말해보라

아마 선뜻 대답하기 어려울 것이다. 자고로 눈부신 업적은 잊히고 영예로운 포상과 상장은 그들과 함께 묻히는 법이다. 자, 이제 마지막으로 퀴즈 하나만 더 풀어보자.

❶ 지난 학창시절을 보내면서 도움을 주었던 선생님 몇 분을 말해보라.
❷ 힘든 시간을 보낼 때 도와주었던 친구 3명을 말해보라
❸ 당신에게 가치 있는 무언가를 가르쳐준 사람 3명을 말해보라
❹ 당신을 특별하다고 느끼게 해주었던 사람 몇 명을 떠올려보라
❺ 함께 즐거운 시간을 보냈던 사람 3명을 떠올려보라
❻ 당신에게 영감을 주었던 소설 속 주인공 3명의 이름을 말해보라.

대답하기가 더 쉬워졌는가? 기억하자. 당신 삶에 변화를 일으키는 사람들은 유명하고 돈 많고 큰상을 받은 사람이 아니라 당신을 응원하고 사랑하는 사람들이다.

혹여 당신이 자신의 꿈을 이야기할 때 '그래 응원할게'라고 하는 사람이 있다면 꼭 주변에 두어라. 이 세상에서 대부분은 당신의 독특함을 부정하고 세상이 원하는 곳으로 가라고 말할 것이기 때문이다. 하지만 기억해야 할 건, 그들의 '아니'라고 말하는 부정적인 의견은 특별함을 팔아먹는 평범함에서 나온 것임을 잊지 말라.

그리고 이런 사람 외에도 당신을 일류로 이끌어줄 인맥을 만나면 더 좋다. 내가 아무리 잘나도 나를 도와줄 이가 없으면 말짱 도루묵이기 때문이다. 다수의 성공한 일류는 인맥 덕택이라고도 말한다. 세상에 혼자서는 해결할 수 있는 일이 드물다.

이런 인맥의 중요성은 호텔이나 골프장에 가도 잘 알 수 있다. 그곳에는 수많은 모임이 존재한다. 아무나 받지도 않고 폐쇄적으로 움직이며 자기들끼리 정보를 나누고 서로를 끌어준다. 워싱턴 정가가 대표적이다. 오히려 개방적이라는 미국이 더 폐쇄적인 인맥 그룹이

존재한다. 미국에는 '무엇을 아느냐가 아니라 누구를 아느냐'라는 말이 늘 회자되는데 상류 사회로 갈수록 더 심하다고 한다.

일류가 되는 데는 주변 사람이 중요한 몫을 한다. 나를 응원해줄 사람부터 나를 끌어줄 수 있는 사람과 함께하자. 지금 당신의 주위를 둘러보아라. 응원해줄 수 있는 사람은 누가 있으며 도움의 손길을 줄 수 있는 사람은 누가 있는지 생각해보자.

그런 사람이 있다면 그 사람 주변을 또 둘러보고 그들과도 교류하라. 당신 미래의 첫 번째 자산은 부동산이나 주식 같은 금전적인 것이 아니라 바로 당신이 소속된 네트워크가 될 것이다.

또한 당신의 성공을 당신의 응원군과 함께 나누길 바란다. 그럼 그 응원군은 점점 커질 것이며 구성원 간에 존경과 협력, 그리고 만족까지 얻을 수 있다. 일류로 성공한 사람들은 대부분 그렇게 해왔다.

벤처사업에서 큰 성공을 거둔 테리 이벤슨도 늘 그의 성공을 나눴다. 그는 똑똑하지만 집안 사정이 어려운 학생들에게 장학금을 주었다. 학생들은 그 덕택에 성공할 수 있었고 그들 역시 테리 이벤슨이 했던 것처럼 다른 학생들을 위해 장학기금을 나누고 있다. 점점 강력한 응원군이 만들어지며 함께 일류로 나아간 것이다.

미국의 유명 방송인 오프라 윈프리(Oprah Winfrey)는 자신의 주변 사람들을 만나는 기준에 대해 이렇게 말했다.

"제가 하는 최선의 행동 중 한 가지는, 주변에 '왜 그래?'라고 물어보는 친구들 말고, '안 될 게 뭐 있어?'라며 주저하지 않고 말해주는 친구들을 곁에 두는 것이었어요. 그런 태도는 놀라운 파급 효과가 있어요. 제가 여기까지 온 것도 다 나를 응원해준 친구들 덕분인걸요."

그녀의 말처럼 어떤 주변 사람을 두느냐가 당신의 삶에 많은 영향을 끼칠 것이다. 한 번 지금 주위를 둘러보자. 당신의 응원군은 얼마나 있는지 찾아보자. 같이 시간을 보내면 기운이 나고, 내가 성공하길 바라고, 내 목표를 달성하도록 도와줄 수 있는 사람들을 곁에 두도록 해보자. 당신이 업그레이드 법칙을 사용하면서 응원군까지 있다면 목표를 이루는 효과는 분명 배 이상이 될 것이다.

일류로 나아가는 삶,
이제부터 시작이다

"할 수 있다고 믿는다면 하지 못할 것은 아무것도 없습니다. 두려움을 뛰어넘지 못하면 이러한 인생의 첫 번째 교훈을 얻지 못합니다."

세계적으로 유명한 하버드의 교수 에머슨(Ralph Waldo Emerson)이 어느 연설에서 한 말이다. 나날이 발전하는 세상 속에서 수많은 사람이 자신의 영역에서 일류로 나아간다. 자신의 일에 긍지를 가지고 리더가 되어 세상을 이끌고 있다.

우리는 모두 일류의 자질을 가지고 있다. 이런 자질은 자신의 속에 잠들어있다. 업그레이드 법칙을 활용하면 이런 자질이 깨어난다. 내면에서 잠재력이 깨어나고 누구나 일류로 나아가는 삶을 살 수 있다. 이는 자신의 내면에서 기인하는 셈이다. 일류 심리학자 케인 박사가 애용하는 사례를 통해서도 잘 설명된다.

뉴욕의 어느 거리에서 한 남자가 풍선을 팔고 있었다. 그는 장사가

지지부진할 때마다 하늘로 풍선을 날렸다. 풍선이 하늘 높이 날아가자 이를 보고 풍선을 사려는 백인 아이들이 우르르 달려들어 풍선을 사 갔다. 그리고 풍선 장수가 했던 것처럼 풍선을 날리며 즐겁게 놀았다.

얼마쯤 지났을까? 공원 화단 쪽에서 한 흑인 아이가 나타났다. 이 아이는 저만치 떨어져 있는 백인 아이들과 같이 놀고 싶었지만 어울릴 자신이 없어 바라만 보고 있었다. 백인 아이들이 사라지고 흑인 아이는 풍선 장수를 찾아왔다. 그리고 대뜸 이렇게 물었다.

"아저씨, 저도 풍선 하나 살 수 있을까요?"

풍선 장수는 아이에게 미소를 지으며 물었다.

"그래, 어떤 색의 풍선을 줄까?"

소년은 잠시 망설이다 대답했다.

"검은색 풍선을 갖고 싶은데 괜찮을까요?"

풍선 장수는 고개를 끄덕이며 검은색 풍선을 건네었다. 흑인 아이는 풍선을 받아 들고 공원 주위를 뛰어다니더니 아까 백인 아이들처럼 풍선을 잡고 있던 손을 놓았다. 검은색 풍선은 하늘로 높이 솟아오르며 멋지게 날아갔다. 풍선 장수는 그 아이에게 다가가 지긋이 눈을 바라본 후 이렇게 답했다.

"얘야, 풍선을 날아가게 하는 건 색깔이 아니란다. 풍선 안에는 수소라는, 공기보다 가벼운 가스가 들어있기 때문이란다. 겉이 아니라 안에 무엇이 들어 있느냐에 달려 있는 것이란다."

아이는 눈을 반짝이며 귀를 기울였고 풍선장수는 이어서 말했다.

"사람들도 마찬가지란다. 성공은 피부색이나 출신에 따라서 결정되는 것이 아니란다. 좀 전에 풍선이 날아오른 것 같이 오르고자 하는 자신감이 자신 안에 있으면 성공하는 거란다."

아이는 미소를 지으며 고개를 끄덕였다.

이 이야기 속의 흑인 아이는 앞에서 언급한 케인박사 그 자신이다. 나 또한 예전에는 이런 흑인 아이의 처지와 다를 바가 없었다. 그래서 내면의 힘에 더욱 동의한다. 당신이 나아갈 일류의 길은 이 풍선과도 같다. 식상하지만 결국 해답은 당신 내면에 있다. 업그레이드 법칙은 그것을 잘 이루게 하는 도구일 뿐이다. 당신만의 강력한 동기와 노력을 이끌어내는 도구 말이다.

신은 우리 모두를 하나하나 가치 있고 위대한 존재로 만들었다. 지금부터 그 이유를 설명해 줄 참이다.

• 당신은 강인한 존재

빙하시대 이후부터 당신의 조상들은 오랜 시간 동안의 기아와 질병, 각종 천재지변을 겪으면서도 생존했다. 똑똑하고, 강하고, 용감했던 결과다. 비록 당신이 당신 자신을 평범한 존재라고 생각한다 해도, 당신은 기나긴 역사를 통해 세상에 나온 사람이다. 조상으로부터 물려받은 강인함은 지금도 분명 당신이 사는 세상에 그 모습을 드러내려고 노력하고 있을 것이다.

• 당신은 누구보다 뛰어난 존재

사람 뇌의 평균무게는 약 1.2kg이라고 한다. 뇌는 약 300억 개의
세포 조직으로 이루어져 있다. 각각의 뉴런은 대략 100만 개의 정보
를 처리할 수 있다. 이를 거리로 환산한다면 지구에서 달까지 13번
이상 왕복할 수 있는 수치다. 당신의 정신은 지구 상에서 생산된 물
체 중에 가장 빠르게 돌아가고 멋지게 운영되며 컴퓨터보다 뛰어난
능력을 지니고 있다.

• 당신은 만능의 존재

사람은 10초 만에 약 100m를 달릴 수 있다. 나무를 오를 수도 있
다. 수영도 할 수 있다. 물론 사람보다 빠르고 나무도 잘 오르고 수
영도 잘하는 동물도 있지만, 이 모든 것을 다할 수 있는 동물은 이
세상에 찾아보기 어렵다.

당신은 신에게 뛰어난 능력을 받았다. 그럼 이를 맘껏 사용해 당신
이 원하는 대로 사는 것이 신에게 보답하는 방법이 아닐까 싶다. 천
성적으로 잘하는 것만이 재능이 아니라 무언가를 성취하고자 하는
동기, 끈기, 열정, 노력, 신념 또한 재능이다. 오히려 이런 재능들이

흔히 말하는 외형적 재능보다 더 많은 것을 이루기도 한다.

재능은 누구에게나 있다. 그러나 그 과정에서 이끄는 암흑 속으로 따라 들어가 꺼내올 수 있는 용기를 가진 자는 드물다. 미국 하버드 대학의 하워드 가드너 교수도 사람은 자신의 재능을 얼마나 강하게 계발하느냐에 따라 인생의 성공 여부가 결정된다고 했다. 일류로 나아가기 위해서는 그저 얼마나 비범한가가 아닌 그 비범함을 얼마나 계발할 것인가를 물어야 한다.

당신 머릿속엔 스스로 판단할 수 있는 두뇌가 있고, 발에는 튼튼한 신발이 신겨져 있다. 당신은 원하는 방향으로 어디든 자신을 이끌어 갈 수 있다. 당신은 이미 일류가 되기 위해 필요한 역량을 갖추고 있다. 당신이 소유한 것을 당신을 위해 이용한다면 더 많은 것들을 이루어 나갈 것이다.

삶에서 일어나는 모든 시험은 당신을 일류로 만들려고 특별히 마련된 것. 꿈과 계획이 있으면 이런 일련의 일들을 당신의 것을 만들 수 있다. 그저 취할지 말지는 당신의 선택에 달려 있는 것일 뿐이다. 모든 것은 당신의 눈앞에 준비되어 있다. 당신은 일류다.

> "당신이 하는 것, 꿈꾸는 것은 모두 이룰 수 있으니 시작하라. 대담함에는 천재성과 힘과 마력이 들어 있다."
> _독일의 작가 요한 괴테(Johann Wolfgang von Goethe)